europan 7

Inhoud

Contents

Voorwoord

Bert van Meggelen, voorzitter Europan Nederland U bent waarschijnlijk een van de weinigen die dit voorwoord lezen, immers wie is er nu geïnteresseerd in een voorwoord? Het is mij dan ook een voorrecht u als een van de weinigen te vertellen dat dit boek een documentatie is van en een reflectie geeft op de prijsvraagronde van Europan 7. Ook dit keer is het een kloeke publicatie te noemen over een enerverend proces van discussies, presentaties, debatten, zowel internationaal als nationaal, die allemaal gaan over het werken en ontwerpen aan de Europese stad van de toekomst. Centraal in het boek staan de resultaten van een enorme hoeveelheid denk- en ontwerpwerk van zeer veel jonge architecten uit Europa. Resultaten die onderzoek en ontwerpen bevatten als reacties op de in Nederland beschikbaar gestelde vier locaties en de daaruit voort-vloeiende ruimtelijke problematieken en thematieken. Dit jaar stond de schijnwerper van Europan in heel Europa gericht op suburbia, op de buitenwijken, op woongebieden buiten de stedelijke centra of gebieden aan de rand daarvan.

In Hengelo betreft de locatie een suburbaan gebied aan de rand van het centrum, een gebied gekenmerkt door een groenstedelijk karakter, met een aantal villa's, een karak-teristiek landschappelijk fragment met een relatief hoog grondgebruik tegen het centrum aan, een gebied dat vorm heeft gekregen door een erdoorheen stromende beek, een gebied zonder veel planning. In Amsterdam, Den Haag en Rotterdam gaat het om drie naoorlogse buitenwijken met een heel sterke planning, met een heel sterk idee hoe het wonen aangenaam zou zijn en wat er voor nodig was om tot een prettig woon- en leefklimaat te komen. Uitgesproken sterke stedenbouwkundigen waren verantwoordelijk voor die plannen. Naast Bakema in Amsterdam en Dudok in Den Haag was dat de dienst Stadsontwikkeling Rotterdam. Zo om en nabij een halve eeuw geleden waren deze en soortgelijke plannen een antwoord op de vraag hoe Nederland eruit zou moeten zien, hoe er gewoond, geleefd, gerecreëerd zou gaan worden. Naast plannen waren het maatschappelijke visies, verteld in de taal van de stedenbouw en de architectuur.

Deze wijken zijn aan het eind van hun levenscyclus gekomen, enerzijds door slijtage – ze zijn allemaal met spaarzame middelen gemaakt – aan de andere kant door de veranderingen die zich in de Nederlandse samenleving hebben voltrokken. Naast veranderingen van demografische aard, veranderingen van ideologische aard, zou een reeks van grondige veranderingen te noemen zijn, waarvan we hier volstaan met de toegenomen individualisering, de toe-genomen mobiliteit en de sterk veranderde woonpreferen-ties. De opgave zoals die zich in de drie laatstgenoemde locaties voordoet, is pars pro toto voor de vraag vorm te geven aan de nieuwe Nederlandse samenleving. Zo zijn de voorstellen meer dan projecten alleen, het zijn visies op de ruimtelijke, culturele en maatschappelijke toekomst van het Nederlandse geürbaniseerde landschap, in dit geval voorzover het suburbia betreft. Ze stellen nieuw leven voor de suburb voor. Naast bouwbare plannen zijn het daarmee evenzeer denkoefeningen over de toekomst van de Europese stad. Over dat alles vindt u meer in dit boek.

Europan is in de ware zin van het woord een collectieve onderneming, veel partijen investeren een substantiële hoeveelheid energie, van vertegenwoordigers van steden tot opdrachtgevers, van een hoogwaardige jury tot gecommitteerde wetenschappers, en natuurlijk vooral de ontwerpers, die het beste wat ze hebben aan competenties en verbeeldingskracht, aan kennis en kunde, op het speelveld of misschien beter in het strijdperk brengen. Waarvoor dank. Dat die dank terecht is, laat de publicatie tot in alle uithoeken ervan meer dan voldoende zien.

Ik hoop en verwacht dat het boek u tot bron van inspiratie dient en dat het een opwekking is tot nog meer energie. De paar mensen, een doorzettende selectie van de weinigen die überhaupt een voorwoord lezen, die deze laatste zinnen nog onder ogen hebben, wens ik veel plezier met deze Europan 7-publicatie.

Foreword

Bert van Meggelen, Chairman Europan Nederland You are probably one of very few people who will read this foreword, after all – who is interested in a foreword? It is therefore a privilege for me to tell you, as one of the few, that this book is a documentation of and a reflection on the 7th round of Europan. Yet again, this time we have a substantial publication about an enervating process of discussions, presentations, debates, both international and national, all on the subject of working on and designing the European city of the future. A key aspect of the book is the result of a tremendous body of ideas and design work by very young, European architects. Results comprising research and designs that respond to the 4 respective sites in the Netherlands and the spatial issues and themes that these engender. This year, the Europan spotlight was focused throughout Europe on suburbia, on the outlying districts, on residential areas outside the city centres or on their peripheries.

In Hengelo, this involved a suburban area on the edge of the centre, an area with a green and airy character, with a number of villas, a typical landscape fragment with a relatively high land usage verging on the centre, an area that is characterised by a brook that runs through it, an area without much planning. In Amsterdam, The Hague and Rotterdam, the focus was on three post-war suburbs with very strong planning, with a very strong sense of making living pleasant, and of how such a pleasant living environment could be achieved. Exceptionally strong urban planners were responsible for those plans, including Bakema in Amsterdam and Dudok in The Hague, as well as the City Planning Department of Rotterdam. About half a century ago, these and similar plans were an answer to the question of what the Netherlands should look like, how its people should live, how they should enjoy their spare time. These plans were also social visions expressed in the language of urban development and architecture.

These districts have reached the end of their life cycle, on the one hand through wear and tear – they were all built with scarce resources – and on the other through changes that have occurred in Dutch society. Besides demographic and ideological changes, there is also a whole range of very basic changes that could be named, but suffice it to mention here the increased individualisation, the increased mobility and the very different preferences in housing. The task presented by the three sites mentioned above represents a synecdoche for the problem of formulating a design for this new Dutch society. The proposals are thus much more than projects alone, they are visions on the spatial, cultural and social future of the Dutch urbanised landscape, in this case as it relates to suburbia. They propose new life for the suburbs. This means that, besides being practicable development plans, they are also mental projections about the future of the European city. You can read all about this, and much more, in this book.

Europan is a collective enterprise in the true sense of the word, many parties invest a substantial amount of energy, from urban representatives to commissioning authorities, from an eminent jury to highly-committed scholars, and of course primarily the designers – who commit all their competence and imagination, knowledge and skills to the field, or rather the battle arena. For which our thanks. And that this thanks is justified is more than adequately demonstrated in every aspect of this publication.

I hope and trust that this book will be a source of inspiration for you, arousing even more energy.

And to those few people who have read these final sentences, a persevering selection from among the few who bother to read a foreword, I wish much enjoyment of this Europan 7 publication.

Essays

Essays

8
Essays
Essays
De suburbane uitdaging
The suburban challenge

De suburbane uitdaging – nu ook in Nederland

Han Meyer Suburbanisatie is een internationaal verschijnsel dat overal in de westerse wereld in de tweede helft van de twintigste eeuw de ontwikkeling van stad en land heeft gekarakteriseerd. Overal – behalve in Nederland.

Suburbanisatie heeft in Nederland niet in die mate plaatsgehad of liever gezegd niet die verschijningsvorm aangenomen die in veel andere landen kan worden waargenomen. De Europan-opgave 'de suburbane uitdaging' heeft daarom in Nederland geleid tot de keuze van locaties die merendeels – namelijk in het geval van Amsterdam, Rotterdam en Den Haag – in de periode van hun ontstaan niet als 'suburbaan' waren bedoeld, maar als urbaan, als stedelijk, maar dan wel een nieuwe, moderne vorm van stedelijkheid.

Wat wil 'suburbaan' eigenlijk precies zeggen? Letterlijk betekent het zoiets als 'deelstedelijk', 'onderdeel van het stedelijke'. Het is een gebied dat wel behoort tot het territorium van de invloedssfeer van een stad, maar dat geen deel uitmaakt van het fysieke stedelijk bouwwerk dat 'de stad' wordt genoemd. Aan de hand van de situatie in vroegere tijden is dat nog helder te illustreren. In de zeventiende en achttiende eeuw was 'suburbaan' het gebied buiten de stadsmuur, meestal enigszins verrommeld door de aanleg van allerlei (vaak half of geheel illegale) bouwsels, moestuinen, bleekvelden, lanenkwartieren, enzovoort. Het suburbane gebied bood plaats aan zaken die in de stad zelf niet mogelijk of wenselijk waren (omdat ze veel ruimte vereisten, of omdat ze de illusie van 'wonen buiten de stad' moesten oproepen, zoals in het geval van de lanenkwartieren), maar tegelijk vormde dit gebied een aankondiging van de stad. Het suburbane gebied hoorde bij de stad; iemand die zich in het suburbane gebied bevond, wist de stad in de onmiddellijke nabijheid, kon profiteren van de nabijheid van de stad, maar diende zich ook te onderwerpen aan de regels van die stad.[1]

Het begrip 'stad' duidde in de zeventiende eeuw niet alleen op een fysiek-ruimtelijk systeem van gebouwen en straten, maar ook op een politiek en cultureel systeem: de stad was de plek waar sprake was van burgerrechten en burgerplichten, de plek waar *burgerschap*, een 'civic culture', zich ontwikkelde. In het Nederland van de zeventiende eeuw bestond een sterk ontwikkeld bewustzijn van de betekenis van de stad als plek van burgerschapontwikkeling. We kunnen dat nog nalezen in de geschriften van onder anderen Simon Stevin.[2] Kenmerkend voor die relatie tussen stedelijke ontwikkeling en burgerschapsontwikkeling is de aandacht voor de betekenis van een openbaar domein waarin burgers zich als elkaars gelijken vrij kunnen bewegen en vrij hun meningen en goederen kunnen uitwisselen. De stad was niet alleen een verzameling gebouwen, woningen, kerken en bedrijven, het was vooral een stelsel van pleinen en straten waarin en waaraan zich een openbaar leven kon ontwikkelen.

Aan het eind negentiende eeuw en in de loop van de twintigste eeuw werd suburbanisatie onderwerp van planning en overheidsbeleid, gericht op het tegengaan van schaalvergroting en verdichting van de steden. Suburbanisatie werd in die periode de uitdrukking van een dubbele drijfveer: ten eerste van het verlangen van burgers naar een combinatie van het comfort en de voorzieningen van de grote stad met de ruimte en het idyllische van het open landschap, ten tweede van het beleid van overheden op het gebied van hygiënische en sociaal-culturele politiek.

Robert Fishman noemt Engeland, in het bijzonder Londen, de 'birthplace of suburbia'.[3] De tuinstadbeweging in Engeland poogde op regionale schaal een model te ontwikkelen met een centrale kernstad, op afstand omringd door nieuwe, ontworpen *garden-cities* of *suburbs*. De term suburb is waarschijnlijk in deze periode in Engeland ontstaan. Het gebied van de historische stad was nog steeds het onbetwiste centrum, de suburb was de geplande nederzetting met een groen karakter maar duidelijk horend bij en gericht op het territorium van de centrale stad. Burgerschapsontwikkeling en gemeenschapsvorming vormden ook in de Engelse tuinstadbeweging een belangrijk motief.

The suburban challenge – now in the Netherlands, also

Han Meyer Suburbanisation is an international phenomenon that has characterised the development of the city and countryside everywhere in the western world in the second half of the twentieth century. Everywhere, that is, except in the Netherlands.

In the Netherlands suburbanisation has not taken place to the same degree or rather it has not assumed the form that is recognisable in many other countries. The Europan assignment "the suburban challenge" has consequently led to a selection of sites that for the greater part – namely in the case of Amsterdam, Rotterdam and The Hague – were not intended as "suburban", but as urban, as a new modern form of urbanisation.

What do we actually mean by "suburban"? Literally it means "sub-urban", "part of the urban fabric". It is an area that belongs to the territory under the influence of the city, but it is not a part of the physical urban structure that is called "the city". The past clearly illustrates this. In the seventeenth and eighteenth centuries the "suburb area" was a place outside the city wall, mostly somewhat muddled by the building of all kinds of often partially or wholly illegal structures, vegetable gardens, bleaching fields, areas of tree-lined lanes, and the like. The suburban area offered space for things not possible or undesirable in the city (because they required a lot of space, or because they were intended to evoke the illusion of "living outside the city", as in the case of the areas of tree-lined lanes), but at the same time this area announced the presence of the city. The suburban area belonged to the city; people in the suburban area knew that the city was in the immediate vicinity, they could profit from the proximity of the city, but they also had to obey the laws of that city.[1]

In the seventeenth century the notion of "city" not only alluded to a physical-spatial system of buildings and streets, but also to a political and cultural system: the city was the place where civil rights and civil duties applied, the place where citizenship, a civic culture, developed. In the Netherlands of the seventeenth century people were very conscious of the significance of the city as a place where citizenship flourished. We can still read about this in the works of Simon Stevin, among others.[2] Characteristic of the relationship between urban and citizenship development is the focus on the significance of a public domain in which citizens are equal, they enjoy freedom of movement and are free to exchange their opinions and goods. The city was not only a collection of buildings, houses, churches and businesses, it was specifically a system of squares and streets in which public life could develop.

At the end of the nineteenth century and during the course of the twentieth century suburbanisation became the target of planning and government policy, aimed at counteracting the increase in scale and density of the cities. Suburbanisation in

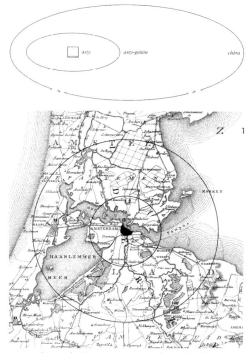

Amsterdam in de 18e eeuw: het urbaan (donker), sub-urbaan (kleine crikel) en extra-urbaan territorium (grote cirkel), volgens Marc Glaudemans

Amsterdam in the 18th century: the urban area (dark), suburban (small circle) and extra-urban territory (large circle) according to Marc Glaudemans

Beverly Hills, Los Angeles:
prototype van de Amerikaanse suburb

Beverly Hills, Los Angeles:
prototype of the American suburb

Dat geldt ook voor het land dat bij uitstek wordt geassocieerd met het begrip suburbanisatie, de Verenigde Staten. Ook hier speelde het motief van burgerschapsvorming een belangrijke rol. Weliswaar is het suburbanisatieproces in de VS niet in de laatste plaats aangejaagd door de automobielindustrie.[4] De ontwikkeling van een nieuwe infrastructuur van snelwegen, *expressways* en *parkways* ter vervanging van de bestaande trein- en tramnetwerken was echter niet alleen het resultaat van een gerichte strategie van de grote automobielbedrijven, maar rustte ook op een diepgewortelde overtuiging dat het individuele huis met een eigen stuk grond en met een eigen particulier vervoermiddel bij uitstek de realisatie was van de 'American Dream'. Het idee van het Amerikaanse burgerschap is niet zozeer verbonden met de ontwikkeling van steden, maar integendeel veel meer met de kolonisatie van het landschap. Het idee dat de grote stad juist een bedreiging vormt voor de ontwikkeling van een nieuw, Amerikaans burgerschap, loopt als een rode draad van Thomas Jeffersons plannen voor het '1 Mile grid', via F.L. Olmsteds ontwerpen voor parkstelsels en Frank Lloyd Wrights ontwerp voor Broadacre City naar de naoorlogse suburbanisatie in de VS. De Amerikaanse suburb suggereert de totale afwezigheid van de stad, de maximale vrijheid van het individu, met het woonhuis op de prairie, en dat vele duizenden malen gerepeteerd.[5]

Ook in een land als België is het beleid op het gebied van de ruimtelijke ontwikkeling in de twintigste eeuw gedomineerd door een poging het verstedelijkingsproces tegen te gaan. Vanaf het begin van de twintigste eeuw is door de Belgische overheid een actieve politiek gevoerd om vestiging van mensen en eigen woningbezit buiten de steden te bevorderen, hetgeen resulteerde in het typische fenomeen van eindloze lintbebouwing langs de provinciale wegen.[6] Zowel in de VS als in de België is suburbanisatie gepaard gegaan met een verdwijning van de betekenis van de openbare ruimte als een domein van een openbaar stadsleven.

De gevolgen van deze ontwikkelingen voor het vestigingspatroon van mensen en bedrijven

werden in de jaren zestig al aan de orde gesteld door de Amerikaanse geograaf Melvin Webber in zijn beroemd geworden essay 'The urban place and the non-place urban realm'.[7] Webber betoogde hierin, al in 1964 (!), dat de nieuwe wereld van snelwegen, suburbia en een zeer mobiele middenklasse een breuk betekende met het idee van de stad als een afgebakend territorium waarin het stedelijk leven was geconcentreerd. De stad als centrale plek van maatschappelijke, economische en sociale dynamiek was achterhaald volgens Webber: 'for it is interaction, not place, that is the essence of the city and the city-life'. Webber presenteerde de nieuwe 'non-place urban realm' als een nieuwe, onomkeerbare werkelijkheid, en pleitte voor een aanvaarding van en nader onderzoek naar deze nieuwe realiteit, in plaats van een zinloos verzet ertegen. In hetzelfde jaar toonde een andere Amerikaan, J. Gottmann, een voorbeeld van de nieuwe geografische werkelijkheid in kaart en beeld: de nieuwe 'megalopolis' van de Amerikaanse oostkust, in de vorm van een langgerekte verstedelijkte zone van honderden kilometers, van Boston tot Philadelphia, waar het onderscheid tussen stad en land praktisch is verdwenen.

Ongeveer dertig jaar na de observaties van Webber en Gottmann in de Verenigde Staten verschijnen vergelijkbare studies in Europa. Studies van de regio's van Milaan en Veneto in Italië[8] en van West-Vlaanderen[9] tonen een nieuwe 'città diffusa', in België de 'nevelstad' genoemd, waar stedelijke bebouwing zich als een nevel over het landschap heeft verspreid. Niet voor niets zijn Noord-Italië en België dankbare studiegebieden voor deze observaties. In Italië is in de twintigste eeuw weliswaar een planningsinstrumentarium ontwikkeld, maar de stedelijke ontwikkeling wordt gekenmerkt door een uitgebreid repertoire van bouwpraktijken die aan de officiële planvoorschriften juist pogen te ontsnappen.[10] En de antistedelijke politiek in België is al genoemd.

Ook in Nederland werd in de tweede helft van de negentiende eeuw de snelle bevolkingsgroei in de steden een toenemende bron van

zorg voor overheden vanwege problemen op het gebied van hygiëne, criminaliteit, zeden en normen. Maar terwijl in andere landen deze verschijnselen in de twintigste eeuw aanleiding vormden voor een uitgesproken antistedelijk beleid, is in Nederland eerder sprake van een beleid een nieuwe, moderne stad te ontwikkelen, 'de stad van de toekomst'.[11] De nieuwe stadswijken die in Nederland in de jaren vijftig en zestig werden gerealiseerd, waren niet zozeer antistedelijk, gericht op ontmanteling van de grote stad, maar ze waren bedoeld als modernstedelijk, gericht op de ontwikkeling van een nieuw type stad. Nederland is het land waar wellicht het meest consequent en op de meest grootschalige wijze is gepoogd het ideaal te realiseren van de moderne stad, waarvan de kenmerken in de jaren twintig en dertig waren vastgesteld door de voormannen van de Moderne Beweging als Le Corbusier en Sigfried Giedion.[12]

Hoewel het een algemeen gevestigd idee is dat de opvattingen en ambities van het modernisme van de twintigste eeuw achterhaald zijn en we nu in een 'postmoderne' periode zouden leven, lijken veel van de huidige thema's in het debat over verstedelijking op de thema's die men destijds aan de orde stelde: het ging om enerzijds condities scheppen voor en vorm geven aan nieuwe vormen van stedelijke complexiteit, anderzijds om aandacht te schenken aan de behoefte aan identiteit en gemeenschapsvorming. De van oudsher sterke relatie tussen stadsontwikkeling en burgerschapsontwikkeling kreeg als het ware een nieuwe, twintigste-eeuwse injectie.

In al die wijken is gepoogd een nieuwe typologie en differentiatie te ontwikkelen van openbare ruimte en een nieuwe verhouding tussen openbaar, collectief en privaat domein. Weliswaar komt dat streven ons nu te dwangmatig over, te zeer gericht op 'verheffing van het volk' en te veel gebaseerd op de illusie van een maakbare samenleving.[13] Niettemin kan de realisatie van deze wijken worden beschouwd als een poging om voort te bouwen op een eeuwenoud thema, door de vormgeving van het

1852   1911   1990

De ontwikkeling van de Belgische "nevelstad":   The development of the Belgian "dispersed"
verstedelijking langs de Vlaamse steenwegen   city: urbanisation along the Flemish main roads

this period became the expression of dual motivation: firstly the longing of citizens for a combination of comfort and the facilities of the large city with the space and the pastoral scene of the open landscape, secondly the policy of public bodies in the field of hygiene and social-cultural policy.

Robert Fishman called England, and London in particular, the "birthplace of suburbia".[3] The garden city movement in England sought to develop a model on a regional scale with a central key city, encircled at a distance by new, designed garden cities or suburbs. The term suburb probably originated during this period in England. The historical city remained the uncontested centre, the suburb was the planned settlement with a green character but clearly belonging to and focusing on the territory of the central city. The development of civic culture and community spirit also formed an important motif in the English garden city movement.

This also applied to the country that is pre-eminently associated with the concept of suburbanisation, the United States. Here, too, the motif of the formation of citizenship played an important role. Of course, the suburbanisation process in the USA was spurred on by the automobile industry.[4] The development of a new infrastructure of highways, expressways and parkways as substitution for the existing train and tram networks, however, was not only the result of targeted strategy on the part of the giant automobile companies, it also rested on a deeply-rooted conviction that the detached house with its own plot of land and a private means of transportation were pre-eminently the realisation of the "American Dream". The idea of American citizenship is not so much connected with the development of cities, on the contrary, it concerns the colonisation of the landscape. The idea that the big city poses a threat to the development of a new, American citizenship, runs as a *leitmotif* through Thomas Jefferson's plans for the 1 Mile grid, via F.L. Olmsted's designs for park systems and Frank Lloyd Wright's design for Broadacre City, to the post-war suburbanisation in the USA. The American suburb suggests the total absence

of the city, the maximum freedom of the individual, with the house on the prairie, and this repeated many thousands of times.[5]

In a country such as Belgium spatial development policy in the twentieth century was dominated by an attempt to resist the urbanisation process. Since the beginning of the twentieth century the Belgian authorities have pursued an active policy of encouraging people to take up residence and homeownership outside the cities and this has resulted in the typical phenomenon of endless ribbon development along the provincial roads.[6] Both in the USA and in Belgium, suburbanisation has gone hand in hand with a disappearance of the significance of public space as a domain of public city life.

The consequences of these developments for the establishment pattern of people and companies was brought up for discussion back in the sixties by the American geographer Melvin Webber in his famous essay "The urban place and the non-place urban realm".[7] In this Webber argued, back in 1964 (!), that the new world of highways, suburbia and a highly mobile middle-class meant a break with the idea of the city as a delineated territory in which urban life was concentrated. The city as a central place for economic and social dynamics was superseded according to Webber, "...for it is interaction, not place, that is the essence of the city and the city-life". Webber presented the new "non-place urban realm" as a new, irreversible reality, and pleaded for acceptance of, and further research into, this new reality, instead of senseless opposition to it. In the same year another American, J. Gottmann, wrote about one example of the new geographic reality: the new "megalopolis" of the American east coast, in the form of an elongated urbanised zone, hundreds of kilometres long, stretching from Boston to Philadelphia, where the distinction between city and countryside had practically disappeared.

Approximately thirty years after the observations of Webber and Gottmann in the United States, similar studies appeared in Europe. Studies of Milan and Veneto regions in Italy[8] and of West Flanders[9] demonstrate a new "città diffusa", in

Belgium the "nevelstad", a dispersed city, where urban development is spreading over the landscape like a shroud. Not for nothing have Northern Italy and Belgium been rewarding study areas for these observations. While it is true that in Italy in the twentieth century a planning tool has been developed, urban development is characterised by an extensive repertoire of building practices that endeavour to escape the official planning regulations.[10] And the anti-urban policy in Belgium has already been mentioned.

Also in the Netherlands in the second half of the nineteenth century the rapid growth of the population in the cities became an increasing source of concern for the public authorities in terms of hygiene, criminality, morality and standards. But whilst in other countries these phenomena in the twentieth century gave rise to a pronounced anti-urban policy, in the Netherlands it was more a case of developing a new modern city from a policy focused on "the city of the future".[11] The new urban districts that were built in the fifties and sixties were not so much anti-urban, focusing on the dismantling of the large city, but they were meant as modern urban, concentrating on the development of a new type of city. The Netherlands is the country where, in what is probably the most consistent and large-scale way, an attempt has been made to create the modern city, the characteristics of which were established in the twenties and thirties by such leaders of the Modern Movement as Le Corbusier and Sigfried Giedion.[12]

Although it is a generally accepted notion that the opinions and ambitions of the modernism of the twentieth century are outdated and that we now live in a "post modern" period, many of the present themes in the debate surrounding urbanisation resemble those themes that were raised at the time: creating conditions for, and giving form to, new forms of urban complexity on the one hand, and focusing on the need for identity and creating community spirit on the other. The traditionally strong relationship between urban development and citizenship development was given, as it were, a new twentieth century stimulus.

openbaar domein als een conditie voor moderne burgerlijke samenleving, voor een nieuw soort 'civic culture'.

Terwijl in de VS in diezelfde periode het ontstaan van de megalopolis werd gesignaleerd, in België de steenwegen werden getransformeerd tot lange rijen lintbebouwing, manifesteerde Nederland zich als een wonder van ruimtelijke ordening, waarnaar bestuurders, planners en ontwerpers van heinde en ver kwamen kijken.

Maar precies die nieuwe, moderne stad die toen werd ontworpen en gebouwd, blijkt nu, een kleine halve eeuw later, niet meer als ideaal te worden beschouwd. Niet alleen zijn de betreffende stadswijken bouwkundig vaak van gebrekkig allooi – resultaat van een weder-opbouwperiode die gekenmerkt werd door zuinigheid en besparing – maar ook wordt deze wijken in stedenbouwkundig opzicht een zekere rigiditeit verweten. Terwijl ze ontworpen zijn met de ambitie om condities te scheppen voor diversiteit, variatie, complexiteit, flexibiliteit, blijken ze nu vooral geassocieerd te worden met monotonie, uniformiteit, starheid, en een gebrek aan vermogen om nieuwe stedelijke functies, activiteiten en leefstijlen te kunnen opnemen.

Deze veranderde waardering van de moderne stad is gepaard gegaan met nieuwe ontwikkelingen en opvattingen op het gebied van ruimtelijke planning op regionale en nationale schaal. Sinds sprake is van een liberalisering van de woningmarkt en het Nederlandse landschap in de jaren negentig van de vorige eeuw tevens domein is geworden van een *booming* economie, lijken ook in Nederland de 'megalopolis', de 'non-place urban realm' en de 'nevelstad' een concrete werkelijkheid te worden. De echte suburbanisatie is in Nederland pas net begonnen. In snel tempo is het Nederlandse landschap een amalgaam aan het worden van Vinex-wijken, voormalige agrarische dorpen die door stedelingen worden gekoloniseerd, lintbebouwing-op-zijn-Belgisch, bedrijventerreinen, enzovoort.

Met de opgave van de herstructurering van de naoorlogse woonwijken staat de stedenbouw en ruimtelijke ordening in Nederland voor een belangrijke keuze. Als we diverse wethouders en woordvoerders van woningbouwverenigingen mogen geloven, is het van groot belang dat deze wijken worden voorzien van een nieuwe kwaliteit die kan concurreren met de suburbane gebieden. Het zou vooral gaan om het creëren van 'concurrerende woonmilieus'. Het lijkt mij echter van meer belang om te onderzoeken of er een nieuwe, eenentwintigste-eeuwse invulling kan worden gegeven aan het concept van de stad als een domein waar zich nieuwe vormen van openbaar leven en stedelijke activiteit, een nieuwe 'civic culture' zou kunnen ontwikkelen. In plaats van het gehele stedelijke landschap te transformeren in een suburbane 'nevelstad', waarin de betekenis van onderdelen nog louter wordt afgemeten aan hun concurrentiepositie op de onroerendgoedmarkt, zou de discussie over de relatie tussen stadsvorm en 'civic culture' juist een nieuwe impuls kunnen krijgen met de herstructurering van de naoorlogse stadswijken. Deze Europan-ronde kan aan die impuls een bijdrage leveren.

1
Marc Glaudemans, *Amsterdams Arcadia. De ontdekking van het achterland*, SUN, Nijmegen 2000
2
Simon Stevin, *Het Burgherlick leven/Vitra Politica*, Leiden 1590; heruitgegeven Erven Bijleveld, Utrecht 2001
3
Robert Fishman, *Bourgeois Utopias. The rise and fall of suburbia*, Basic Books, New York 1987
4
Stephen B. Goddard, *Getting There. The epic struggle between road and rail in the American century*, Basic Books, New York 1994
5
Morton en Lucia White, *The intellectual versus the city: from Thomas Jefferson to Frank Lloyd Wright*, MIT Press, Cambridge (Mass.) 1962
6
Bruno DeMeulder, Jan Schreurs, Annabel Cock, Bruno Notteboom, 'Sleutelen aan het Belgische landschap/Patching up the Belgian urban landscape', in *OASE* nr. 52, SUN Nijmegen 1999
7
Melvin Webber, 'The urban place and the non-place urban realm', in M. Webber e.a., *Explorations on urban structures*, Philadelphia 1964
8
Stefano Boeri, Arturo Lanzani, Edoardo Marini, *Il territorio che cambia. Ambienti, paesaggi e imagini delle regione milanese*, Abitare Segesta Cataloghi, Milaan 1992
9
DeMeulder op. cit. 6
10
Anna Vos, 'De periferie als opgave', in Han Meyer (red.), *Stadsontwerp in de jaren negentig*, Publikatieburo Bouwkunde Delft 1992
11
A. Bos, *De stad der toekomst – De toekomst der stad*, A. Voorhoeve, Rotterdam 1946
12
Sigfried Giedion, *Space, Time and Architecture. The growth of a new tradition*, Harvard University Press, Cambridge (Mass.) 1947
13
Arnold Reijndorp en Hanneke van der Ven, *Een reuze vooruitgang. Utopie en praktijk in de Zuidelijke Tuinsteden van Rotterdam*, Uitgeverij 010, Rotterdam 1994

Een moderne naoorlogse tuinstad:
Rotterdam-Pendrecht

Een modern post-war garden city: Rotterdam-Pendrecht

In all the districts, attempts have been made to develop a new typology and differentiation of public space and a new correspondence between the public, collective and private domain. Perhaps this endeavour seems too compulsive to us today, concentrating too heavily on "uplifting the nation" and based too much on the illusion of a "makeable" society.[13] Be that as it may the realisation that these districts are seen as an attempt to continue to build on an age old theme, by modelling the public domain as a condition for modern civil society, for a new sort of civic culture.

At the time when the megalopolis was observed in the USA, and the roads in Belgium were being transformed into long rows of ribbon development, the Netherlands manifested itself as a miracle of spatial planning, attracting the attention of managers, planners and designers from far and wide.

Now, almost half a century later, it appears that that new, modern city that was designed and built at the time, is no longer considered ideal. Not only is the quality of the structure of the urban districts in question frequently faulty – the result of a post-war reconstruction characterised by frugality and economies – the urban design of these districts is also reproached as being too rigid. Whereas they were designed with the ambition of creating conditions for diversity, variety, complexity, flexibility, they now appear to be chiefly associated with monotony, uniformity, rigidity, and lack the capacity to assimilate new urban functions, activities and lifestyles.

This changed appreciation of the modern city is linked to new developments and opinions in the field of spatial planning on a regional and national scale. Since a liberalisation of the housing market, and the fact that the Dutch landscape became the domain of a booming economy in the nineteen-nineties, the "megalopolis", the "non-place urban realm" and the "nevelstad" appear to become a concrete reality. Real suburbanisation has only just begun in the Netherlands. In a quick tempo the Dutch landscape is becoming an amalgam of Vinex districts, former agrarian villages colonised by city-dwellers, ribbon development as in Belgium, business parks, etc.

With the assignment for the restructuring of post-war residential districts, urban design and spatial planning in the Netherlands faces an important choice. If we are to believe divers aldermen and representatives of housing corporations, then it is vital that these districts are given a new quality that can compete with the suburban areas. This chiefly concerns the creation of "competing living environments". More important, however, in my opinion, is to explore whether a new, twenty-first century interpretation can be given to the concept of the city as a domain where new forms of public life and urban activity – a new civic culture – could develop. Instead of transforming the entire urban landscape into a suburban "nevelstad", in which the significance of the components is only measured in terms of their competitive position on the property market, the discussion about the relationship between city design and civic culture could gain a new impulse with the restructuring of the post-war urban districts. This Europan round can contribute towards that impulse.

1
Marc Glaudemans, Amsterdams Arcadia. De ontdekking van het achterland, SUN, Nijmegen 2000
2
Simon Stevin, Het Burgherlick leven/Vitra Politica, Leiden 1590; reprinted Erven Bijleveld, Utrecht 2001
3
Robert Fishman, Bourgeois Utopias. The rise and fall of suburbia, Basic Books, New York 1987
4
Stephen B. Goddard, Getting There. The epic struggle between road and rail in the American century, Basic Books, New York 1994
5
Morton en Lucia White, The intellectual versus the city: from Thomas Jefferson to Frank Lloyd Wright, MIT Press, Cambridge (Mass.) 1962
6
Bruno DeMeulder, Jan Schreurs, Annabel Cock, Bruno Notteboom, "Sleutelen aan het Belgische landschap/Patching up the Belgian urban landscape", in OASE no. 52, SUN, Nijmegen 1999
7
Melvin Webber, "The urban place and the non-place urban realm", in M. Webber et al., Explorations on urban structures, Philadelphia 1964
8
Stefano Boeri, Arturo Lanzani, Edoardo Marini, Il territorio che cambia. Ambienti, paesaggi e imagini delle regione milanese, Abitare Segesta Cataloghi, Milaan 1992
9
DeMeulder op. cit. 6
10
Anna Vos, "De periferie als opgave", in Han Meyer (ed.), Stadsontwerp in de jaren negentig, Publikatieburo Bouwkunde, Delft 1992
11
A. Bos, De stad der toekomst - De toekomst der stad, A. Voorhoeve, Rotterdam 1946
12
Sigfried Giedion, Space, Time and Architecture. The growth of a new tradition, Harvard University Press, Cambridge (Mass.) 1947
13
Arnold Reijndorp, Hanneke van der Ven, Een reuze vooruitgang. Utopie en praktijk in de Zuidelijke Tuinsteden van Rotterdam, 010 Publishers, Rotterdam 1994

De houdbaarheidsdatum van optimisme

Mathias Lehner Bouwbare ideeën van jonge architecten voor concrete woningbouwlocaties – dat is het doel van Europan. Het is voor toekomstige opdrachtgevers ook de reden om een locatie voor deze prijsvraag beschikbaar te stellen. Maar Europan beoogt ook een bijdrage te leveren aan het debat over de toekomst van de Europese steden. Dat zijn ook de visionaire ideeën, die waarschijnlijk niet gebouwd worden. Bij Europan 7 staat de toekomst van de (huidige) voorsteden centraal; Nederland kent talloze stadsuitbreidingen die sinds de Tweede Wereldoorlog zijn verrezen; de planmatige aanpak van de bouwopgave heeft ertoe geleid dat de woningbouw in dit land hoge architectonische kwaliteit en lage productiekosten kent. Het heeft ook ertoe geleid dat deze wijken alleen qua tijdsgeest en nauwelijks qua samenstelling van elkaar te onderscheiden zijn. Als slotstuk worden namens de Vierde Nota Ruimtelijke Ordening Extra 'een miljoen' huizen gebouwd om eens en voor altijd van de woningnood af te zijn. De marktwerking, als opvolger van de volkshuisvesting, brengt nieuwe uitleggebieden met een hogere huur of hypotheek, maar 'eindelijk een "eigen tuin"'. Voorzover de doelgroep, het gezin, het kan betalen, verhuist ze van de voorsteden uit de jaren vijftig en zestig naar Vinexland.

In tegenstelling tot de *tabula rasa*-aanpak van de Vinex, formuleert Europan 7 een andere doelstelling. Het uitgegeven thema belooft immers nieuw leven in de voorstad, een strategie die met de bestaande context te werk gaat. De locaties zijn: Den Haag-Zuidwest, Rotterdam-Zuid en Amsterdam-West. Hengelo is de vierde locatie, een stedelijk fragment dat niet eerder onderdeel was van een strategisch bebouwingstraject. Het opmerkelijke aan de drie Randstadlocaties is dat hun gehele bewonersbestand binnenkort is vervangen. De glans van de maatschappelijke en architectonische idealen die aan deze wijken ten grondslag lagen, is dof geworden. De bouw- en energietechnische toestand van de huizen is slecht en de variëteit is beperkt. Ook zijn er akoestische problemen. Bewoners vertellen dat zij alles over hun bovenburen weten, terwijl zij hen nog nooit persoonlijk hebben gesproken. De stedenbouwkundige opzet van deze buurten heeft zich daarentegen bewezen en heeft juist aan kleur gewonnen in de afgelopen decennia. De volgroeide bomen en groenvoorzieningen geven pas nu het beeld dat de architecten voor ogen hadden toen ze hun plannen tekenden.

De locatie Morgenstond ligt in het zuidwesten van Den Haag, naast de stadsdelen Bouwlust en Vrederust. Een naamgeving die vertelt van de populariteit bij de oplevering, pakweg vijftig jaar geleden. De strookbebouwing in de vorm van het opengebroken bouwblok wordt bepaald door fijn en sober afgewerkte gebouwen. Het zijn portiekflats die met hun slanke kozijnen, krullende hekjes en figuratieve ornamentiek een zekere schoonheid uitstralen. Hoewel er sprake is van vergrijzing onder de bewoners – autochtone Nederlanders, die grotendeels sinds de oprichting van de wijk in hetzelfde huis zijn gevestigd – wordt het straatbeeld gedomineerd door spelende kinderen. Grote bomen tussen de bebouwing en langs singelachtige waterpartijen kenmerken het masterplan van architect Dudok uit 1949. Het plan weerspiegelt de idealen van licht, lucht en ruimte, maar de idealen en het publieke domein zijn aan herdefinitie toe. Het 'contemporaine wonen in een tuinstad' ziet er anders uit. De formule luidt privatisering van het collectieve groen – de introductie van grondgebonden woningen met de afgebakende privé-tuintjes. Het interventiegebied beslaat precies een bouwblok, zodat er onmiddellijk aan kan worden begonnen.

Ook in Rotterdam ligt een afgebakende kavel klaar voor Europan. Het is een klein gebied in Zuidwijk, deelgemeente Charlois, aan de zuidelijke stadsrand. De buurt van de -mare en -rodestraten ligt in een stedenbouwkundig plan van Van Tijen uit 1955-1956. Van de 7500 woningen zijn er reeds 2000 afgebroken – een ingreep, waarvan overigens niets te merken is. Tussen de strookbebouwing van drie tot vier verdiepingen tellende galerijflats is het druk

The "best before" date for optimism

Mathias Lehner Practicable ideas by young architects for concrete housing sites – that is the objective of Europan. It is also the reason why future clients make a site available for this competition. But Europan also aspires to making a contribution to the debate on the future of Europe's cities. These, too, are visionary ideas that will probably not be built. With Europan 7 the future of the (present) suburbs occupies central stage; the Netherlands has seen countless urban extensions that have been erected since World War II; the systematic approach of the building assignment has led to housing of a high architectural quality and low production costs in this country. This has also meant that these districts can only be distinguished from each other as regards the spirit of the age and hardly at all as regards composition. As the key-stone, by order of the Fourth Policy Document on Physical Planning Plus (Vinex), "a million" houses are being built to do away with the housing shortage once and for all. The market mechanism, in succession to public housing, creates new extension areas with a higher rent or mortgage but "finally a garden of one's own". If the target group, the family, can afford it, they move from the suburbs of the fifties and sixties to Vinexland.

In contrast to the Vinex *tabula rasa* approach, Europan 7 formulates an alternative objective. The theme of this round promises to inject new life into the suburbs, a strategy to work with the existing context. The sites are: The Hague-Zuidwest, Rotterdam-Zuid and Amsterdam-West. Hengelo is the fourth site, an urban fragment that has never before been part of a strategic development programme. Remarkably, the entire resident portfolios of the three Randstad sites will be replaced in the near future. The gloss of the social and architectural ideals that lay at the foundation of these districts has faded. The building conditions and energy efficiency of this housing is poor and the variety is limited. There are also acoustic problems. Residents say that they know everything about their upstairs neighbours although they have never spoken to them in person. Conversely the urban design of these districts has proved itself and come into its own in the past decades.

The mature trees and the green facilities only now reflect the image conceived by the architects when they first drew their plans.

The Morgenstond site is in the south-west of The Hague, next to the urban districts of Bouwlust and Vrederust. The names reveal the popularity of the districts when they were built some fifty years ago. The row development in the form of the open block is determined by the fine and soberly-finished buildings. These flats accessed from a common entrance hall and their slim-line frames, curling railings and figurative ornamentation radiate a certain beauty. Although the residents, Dutch in origin, are aging and have lived in the same house since the district was established – the street scene is dominated by playing children. Between the buildings and along the canal-like water features, large trees characterise the master plan by architect Dudok of 1949. The plan reflects the ideals of light, air and space, but the ideals and the public domain are in need of redefinition. "Contemporary housing in a garden city" has a different appearance. The formula requires the privatisation of the collective green spaces – the introduction of ground-level housing with delineated private gardens. The intervention area covers one block of buildings precisely, so that work can begin immediately.

In Rotterdam, too, a delineated plot stands ready for Europan. It is a small area in Zuidwijk, in the sub-municipality of Charlois, on the southern city periphery. The -*mare* and -*rodestraten* neighbourhood is situated in Van Tijen's urban plan dating back to 1955-1956. Of the 7,500 housing units 2,000 have already been demolished – an intervention that is otherwise not noticeable. It is busy in the street between the row development of three to four floor gallery flats. People with walking frames and hordes of children with sports bags on their way to the large playing field of the local Christian korfball club, Thor, an open green plot designated as the Europan site because the neighbouring ten-storey block of flats with care facilities is in need of expansion.

op straat. Mensen met rolators en hordes kinderen met sporttassen zijn op weg naar het grote grasveld van de plaatselijke christelijke korfbalvereniging Thor, een stuk open groengebied dat als Europan-locatie is aangewezen omdat de naburige zorgflat van tien verdiepingen toe is aan uitbreiding.

De bekendste van de vier locaties ligt in de Amsterdamse Westelijke Tuinsteden, een ideaal uit het functionalisme, dat een verademing was voor de toenmalige Amsterdammers. De openbare ruimte beslaat 80 procent van het gebied en bepaalt de buurt, die in 1957 werd gebouwd naar plannen van Van den Broek en Bakema. Tussen de strookbebouwing van vier tot zes lagen liggen grote velden buitenruimte. De van oorsprong publieke tuinen zijn recentelijk met hoge hekken afgezet ten behoeve van de sociale veiligheid. In het westen van de voorheen als 'Buurt 10' bekende wijk zijn kortgeleden een aantal van de flats opgeknapt en enkele woontorens geplaatst. Ook in het zuiden is het plan, dat onderdeel uitmaakt van Van Eesterens Algemeen Uitbreidingsplan (AUP), geadapteerd; de van oorsprong weidse Geuzenbaan is versmald en er komen drie markante woongebouwen 'in het ritme van Bakema'. De wijk wordt gewaardeerd vanwege de structuur, de lage huren en het groene karakter. De eigenaar geeft aan slapend rijk te kunnen worden, want 100% van de huizen is verhuurd. Toch komt er nieuwbouw, omdat studies aangeven dat de waarde van de huizen daalt. De visie op de plaatselijke toekomstige Europese stad voorziet niet in handhaving van het bestaande, of, zoals de eigenaar zich uitdrukt: 'We have a high demolition ambition'.

De vierde en laatste locatie bevindt zich in Hengelo, noordelijk van de binnenstad. Het is een woongebied uit

1910, een losse verzameling van arbeiderswoningen met werkplaatsen van een tot twee verdiepingen. Ernaast ligt een woonwijk die met zijn statige lanen en ambachtelijk gedetailleerde villa's uit de tijd van de Hengelose art nouveau een luxueuze uitstraling heeft. De locatie wordt gekenmerkt door een in geel metselwerk met betonnen lateien verrezen kantoorkubus van vijf verdiepingen. Dit voormalig hoofdkantoor van de plaatselijke ziektekosten-verzekeraar vertelt van de grote plannen voor het Hengelo in 1970. Maar de huidige gebruiker verhuist en het gebouw kan worden vervangen.

Wat is de overeenkomst tussen de vier Europan-locaties? Elk van deze wijken komt voort uit een uitgesproken ambitieuze periode in de Nederlandse architectuurgeschiedenis. Ze weerspiegelen een gebouwd optimisme, dat hét kenmerk van de locaties is geworden. Het verleden van de stad maakt deel uit van haar identiteit; een onmisbaar ingrediënt om de stad van de toekomst een langere adem te geven dan vijftig jaar. De strategie ten aanzien van het verleden, vóórdat de architecten van Europan 7 aan het woord zijn, ziet er als volgt uit: Rotterdam wil de bebouwing sparen, maar offert de enige groenvoorziening van formaat op; Hengelo behoudt 85 procent van de bebouwing; Den Haag sloopt 75 procent. Amsterdam kijkt uitsluitend vooruit: 100 procent sloop.

The most well-known of the four sites is in Amsterdam – the Westelijke Tuinsteden districts was a relief for the people of Amsterdam at the time. The public space accounts for 80 per cent of the area and it dominates the neighbourhood that was built in 1957 according to the plans of Van den Broek en Bakema. Between the row of development of four to six floors lie large fields of external space. The originally public gardens have been recently fenced off on grounds of social safety. In the west, in the district that was formerly known as *Buurt 10*, a number of flats have recently been refurbished and several tower blocks erected. In the south, that forms part of Van Eesterens General Extension Plan (AUP), the plan has been adapted; the originally wide Geuzenbaan has been narrowed and three prominent housing blocks "in the rhythm of Bakema" are to be built. The district is appreciated because of its structure, the low rents and its character. The owner is making money without any effort, 100% of the housing is let. Yet a new development is planned because studies indicate that the value of the housing is dropping. The vision of the local future European city does not anticipate retaining what exists or, as the owner puts it, "We have a high demolition ambition".

The fourth and last site is in Hengelo, north of the town centre. It is a residential area dating back to 1910, a loose collection of working-class housing with workshops of one to two storeys. Adjacent to this is a housing estate with imposing lanes and traditionally-detailed villas dating back to the days when *art nouveau* in Hengelo was luxurious in character. The site is dominated by a five-floor, cube-shaped office building with yellow brickwork and concrete lintels. This former head office of the local health insurance company says something about the great plans for Hengelo back in 1970. But the present occupant is moving and the building can be replaced.

What do these four Europan sites have in common? All the districts stem from a pronounced, ambitious period in the history of Dutch architecture. They reflect a built optimism that has become the key characteristic of the sites. A town or city's past forms part of its identity; a vital ingredient to give the city of the future a "best before" date beyond fifty years. The strategy as regards the past, before the architects of Europan 7 take the floor, is as follows: Rotterdam wants to spare the building, but is sacrificing the one sizeable green facility; Hengelo is retaining 85 per cent of the buildings; The Hague is demolishing 75 per cent. Amsterdam is looking exclusively ahead: 100 per cent demolition.

Europan Nederland in de Europese dynamiek van stedelijke architectuur

Didier Rebois Europan, ideeënprijsvraag voor jonge architecten, is opgezet als een samenwerkingsverband van Europese landen die gemeenschappelijke regels in acht nemen maar tevens hun eigen identiteit tot uitdrukking moeten brengen. Evenals Europa moet Europan voortdurend een evenwicht vinden tussen enerzijds een Europese identiteit die onontbeerlijk is om het geheel tot een eenheid te maken (via overkoepelende prijsvraagelementen: het thema, het reglement, het tijdschema en de evenementen) en anderzijds een veelheid aan nationale identiteiten die tot uiting moeten kunnen komen om de rijke Europese cultuur op het gebied van stedelijke architectuur weer te geven. Zo kan men zien hoe elk deelnemend land specifiek bijdraagt aan gemeenschappelijke doelstellingen en principes.

Europan Nederland, deelnemer sinds de eerste Europan-prijsvraag vijftien jaar geleden, heeft gaandeweg zijn eigen stijl ontwikkeld. Wat direct opvalt, is uiteraard de interesse die de samenleving als geheel heeft voor kwesties van architectuur en stedenbouw. In veel andere landen wordt dit beschouwd als een zaak van specialisten. Het lijkt erop dat de Nederlanders houden van architectuur en stedelijke dynamiek. Europan kreeg snel een voet aan de grond in een land waar jonge architecten bijna vanzelfsprekend de kans krijgen om over hele wijken na te denken en deze architectonisch vorm te geven. Het is bijzonder hoe bekroonde teams hun eigen bureau opzetten en belangrijke opdrachten binnenhalen. En hoewel dit succes vaak gekoppeld is aan een economische hoogconjunctuur, liggen er diepere culturele factoren aan ten grondslag die de hoop rechtvaardigen dat het vertrouwen van opdrachtgevers in jonge architecten overeind blijft ondanks de huidige economische en sociale crisis.

De Nederlandse steden hebben Europan vanaf het begin omarmd en hebben voor de ontwikkeling van de stad strategische locaties aangeboden, zoals het gebied rond de binnenstad van Groningen en de twee industriële locaties in Zaanstad, met woningen aan het water op de Zaanwerf en het Zaaneiland.

De aanwezigheid van water is ontegenzeggelijk een wezenskenmerk van de locaties die bij elke prijsvraagronde worden aangeboden. Rivieren en kanalen zijn natuurlijke elementen die worden benut, ze vormen nieuwe openbare ruimte waar de hedendaagse stad omheen wordt gebouwd. Wonen langs het water is onlosmakelijk verbonden met een historische cultuur, maar kan tegenwoordig innovatieve vormen aannemen.

Een ander terugkerend thema is de voortdurende transformatie van woonwijken. De relatie met het stedelijk erfgoed lijkt hier anders dan in de andere landen, minder star in ieder geval. De stad wordt beschouwd als een levend, zich

Essays
Essays

Europan Nederland in de Europese dynamiek van stedelijke architectuur   19
Europan Nederland in the European dynamics of urban architecture

Europan Nederland in the European dynamics of urban architecture

Didier Rebois Europan, an ideas competition for young architects, is set up as a collaboration between European countries that observe shared regulations but at the same time are also able to express their own identity. Just like Europe, Europan is constantly searching for a balance between a European identity that is essential to harmonising the sum of its parts on the one hand (via coordinated competition elements: the theme, the regulations, the time schedule and the events) and a multitude of national identities that have to be expressed in order to reflect the rich European culture in the field of urban architecture on the other. In this way we see how each participating country makes a specific contribution towards the common objectives and principles.

Europan Nederland, a participant in the first Europan competition fifteen years ago, has by degrees developed its own style. What is immediately striking is indeed the interest that society expresses as a whole in questions pertaining to architecture and urban design. In many countries this is considered a matter for specialists. It seems that the Dutch love architecture and urban dynamics. Europan soon gained a strong foothold in a country where young architects almost automatically are given the opportunity of re-defining the architectural form of entire districts. It is remarkable how award-winning teams set up their own firms and acquire important

assignments. And although this success is often linked to buoyant economic activity, deeper cultural factors underlie the hope that the commissioning parties will continue to have confidence in young architects despite the present economic and social crisis.

Dutch cities have embraced Europan since its initiation and have offered strategic sites, such as the area around the town centre of Groningen and the two industrial sites in Zaanstad, with housing adjacent to water on Zaanwerf and Zaaneiland.

The presence of water is undeniably a quintessential characteristic of the sites that have been offered for each competition round. Rivers and canals are natural elements used, they form new public space around which the contemporary city is built. Living next to water is inextricably linked with Dutch historical culture, but can today take on innovatory forms.

Another recurring theme is the constant transformation of housing districts. The relationship with the urban heritage seems to differ here from other countries, it is in all events less rigid. The city is seen as a living, self-developing organism. Dutch municipalities do not recoil from changing entire urban districts drastically, as emerges from the Europan 7 sites, predominantly large, densely-populated residential areas dating back to the sixties and seventies in Amsterdam, Rotterdam and The Hague. While certain urban characteristics of such districts are retained,

20   Essays
Essays

Europan Nederland in de Europese dynamiek van stedelijke architectuur
Europan Nederland in the European dynamics of urban architecture

ontwikkelend organisme. Nederlandse gemeenten deinzen er niet voor terug om hele stadsdelen ingrijpend te veranderen, zoals blijkt uit de Europan 7-locaties, voornamelijk grote, dichtbevolkte woongebieden uit de jaren zestig en zeventig, in Amsterdam, Rotterdam en Den Haag. Terwijl bepaalde stedenbouwkundige karakteristieken van dergelijke wijken behouden blijven, zoals wegen en openbaar groen, wordt de architectuur veranderd en gaan verouderde flatgebouwen tegen de grond om plaats te maken voor nieuwe woning-typen die beter passen bij de verscheidenheid aan leefstijlen.

Dankzij dit toekomstgerichte woningbouwbeleid vormt Europan in Nederland een ware kweekvijver voor nieuwe woonvormen. Het thema van de woning binnen het complex is ongetwijfeld de interessantste bijdrage die is voortgekomen uit deze ideeënstroom. Een complex met appartementen die op ingenieuze wijze in elkaar grijpen, veelal over twee of drie woonlagen, heeft aan de binnenkant van de sobere stedelijke volumes vaak uitsparingen voor de inrichting van binnenplaatsen, loggia's of tuinen. Soms kun je zelfs parkeren op het dak, zoals bij het door Mastenbroek gebouwde project in Nijmegen. Maar bepaalde voorstellen beperken zich niet tot de woonruimte en gaan in op de relatie tussen stedelijke ruimte en privacy, zoals het door S333 Architects gerealiseerde briljante project in Groningen.

Hoewel Europan Nederland in Europa profiteert van de uitstekende reputatie van de Nederlandse architectuur, heeft het op eigen kracht een groot aantal buitenlandse teams weten aan te trekken die plannen inleveren voor Neder-landse locaties. De meesten van hen zijn architecten uit noordelijke buurlanden, met name jonge Britten die Europan aangrijpen om hun naam te vestigen aangezien het liberale gedachtegoed in eigen land zelden tot opdrachten leidt. Na het winnen van de ideeënprijsvraag hebben enkele internationale teams met succes hun eigen bureau opgezet, hetgeen niet vaak voorkomt maar beantwoordt aan een van de doelstellingen van Europan

Het positieve en open karakter van dit soort prijsvragen verklaart waarom vele prijswinnaars hun bekroonde projecten hebben kunnen realiseren zonder concessies te doen aan de kwaliteit en de kracht van het idee, zelfs wanneer verandering van locatie of programma ingrijpende transformaties met zich meebracht. Laten we hopen dat deze unieke combinatie van het betrekken van jonge professionals bij de stedelijke opgave en een originele stedelijke architec-tuur die aansluit bij hedendaagse leefstijlen voortduurt, zodat Europan Nederland nieuwe talenten kan ontdekken en deze de kans kan geven een carrière te starten.

Essays
Essays

Europan Nederland in de Europese dynamiek van stedelijke architectuur   21
Europan Nederland in the European dynamics of urban architecture

such as roads and public green zones, the architecture is altered, and outdated blocks of flats are demolished to make room for new types of housing more appropriate to the diversity of lifestyles.

Thanks to this future-orientated housing policy Europan in the Netherlands acts as breeding ground for new forms of housing. The theme of housing within a complex is without doubt the most interesting contribution from this stream of ideas. A complex with flats that interlock in an ingenious way, many spread over two or three floors – on the inside of the sober urban expanses – often has recesses for the layout of court-yards, loggias or gardens. Sometimes you can even park on the roof, as in Mastenbroek's project built in Nijmegen. But certain proposals are not limited to housing and they explore the relationship between urban space and privacy, such as the brilliant project realised by S333 Architects in Groningen.

Although Europan Nederland in Europe benefits from the excellent reputation of Dutch architecture, it has on its own strength attracted a large number of foreign teams that have submitted plans for Dutch sites. Most of them are architects from neighbouring countries in the north, young British architects in particular seize on Europan to establish their name because the liberal body of ideas in their own country seldom leads to commissions. Having won the ideas competition, several international teams have set up their own firms with success,

something that does not often occur but which meets one of the objectives of Europan.

The positive and open character of these competitions explains why many prizewinners have been able to realise their prize-winning projects without making concessions to the quality and the impact of the idea, even when a change of site or programme of requirements has involved radical trans formations. Let us hope that this unique combination of involving young professionals in the urban assignment and an original urban architecture that fits in with contemporary lifestyles will continue, so that Europan Nederland can discover new talents and give them the opportunity of embarking on a career.

Resultaten

Results

24

Resultaten
Results

Amsterdam
Amsterdam

Locatie
Site

Amsterdam

Bakemabuurt

Studiegebied 5,8 ha
Plangebied 1,2 ha
Partijen: gemeente Amsterdam + corporatie Far West

De Amsterdamse Bakemabuurt ligt in de Westelijke Tuinsteden, een gebied dat tussen 1950 en 1970 werd bebouwd als onderdeel van het Algemeen Uitbreidingsplan van Van Eesteren. De principes van het Nieuwe Bouwen en het functionalisme brachten een wijk voort met ruime woningen, ideale bezonning, veel openbare ruimte en groen. Zoals in vele wijken uit die tijd in Nederland was ook hier de eerste generatie er een van pioniers. Voor de nieuwe bewoners was het gebied een verademing na de benauwde behuizing in de gesloten bouwblokken in de oude wijken in de stad waar ze vandaan kwamen.

In de loop der tijd is het gebied achteruitgegaan. De goedkope sociale woningbouw trok voornamelijk de sociaal zwakkere bevolkingsgroepen naar de wijk. Ouderen bleven er wonen en jonge gezinnen vestigden zich in de nieuwe Vinex-wijken. Ook het draagvlak voor het winkelbestand liep daarmee terug.

De woningvoorraad is aan vernieuwing toe. De woningen zijn verouderd en hebben technische gebreken zoals koudebruggen. Een deel van de voorraad (de galerijwoningen en de maisonnettes) is behoudenswaardig en een deel (met name de portieketagewoningen) is aan vervanging toe.

Het studiegebied is een woonbuurt in Geuzenveld-Zuid met portiek-etagewoningen, galerijwoningen en maisonnettes, ontworpen door het destijds toonaangevende architectenbureau Van den Broek en Bakema en gebouwd in 1957. Er staan uitsluitend sociale huurwoningen.

Of, gezien vanuit de ruimtelijke kwaliteit, oud en nieuw verantwoord te combineren zijn, is een van de vragen die aan de deelnemende architecten zijn voorgelegd. In de buurt ligt een winkelstraat die zijn functie verliest, mede doordat er grenzend aan de locatie een nieuw winkelcentrum is gebouwd. Ten zuiden en westen van de buurt zijn en worden nieuwe woningen gebouwd op een voormalige verkeersader. In het noorden en oosten wordt de buurt begrensd door een gracht en een park. Voor het plangebied is de opgave een bijzonder woonblok met zowel gestapelde als grondgebonden woningen te ontwerpen.

De beschikbaarstellers van de locatie verwachten dat verhoging van de kwaliteit van sociale huurwoningen, toevoeging van woningen geschikt voor ouderen en een grotere variatie in prijs en eigendomssituatie een sociale impuls zullen geven en het draagvlak voor voorzieningen zullen vergroten. Ook dient de vernieuwing te leiden tot een sociaal veilige buurt met een aantrekkelijke (groene) openbare ruimte en ruimte voor zowel jeugd als ouderen. Het gebied moet een levendig woongebied worden met instroom van nieuwe bewonersgroepen en mogelijkheden voor een wooncarrière.

Duurzaam bouwen (materiaalgebruik en energetisch verantwoord ontwerpen) is integraal onderdeel van de opgave.

De jury over de locatie
De locatie is kenmerkend voor Amsterdam: er is sprake van een krachtige stedelijke structuur op het hogere schaalniveau, maar voor de invulling van afzonderlijke woongebieden zijn er weinig bruikbare aanknopingspunten. Daardoor blijven veel opties open: van behoud van het bestaande tot radicale sloop ten behoeve van een *tabula rasa*. De vrijheid is minder vruchtbaar dan ze lijkt; ze maakt het vinden van overtuigende oplossingen alleen maar lastiger. Het is veelzeggend dat geen enkel plan in aanmerking komt voor een tweede prijs. Gelukkig laat één plan zien dat de opgave weliswaar moeilijk is, maar niet onmogelijk.

Amsterdam
Bakemabuurt

Study area 5.8 ha
Intervention area 1.2 ha
Parties: municipality of Amsterdam + Far West housing corporation

The Amsterdam Bakemabuurt is in the Westelijke Tuinsteden districts, an area built between 1950 and 1970 as part of the General Extension Plan by Van Eesteren. The principles of the *Nieuwe Bouwen* and the functionalism created a district with spacious housing, ideal sunlighting, a great deal of public space and green zones. As in many districts of the day in the Netherlands, the first generation here were pioneers. For the new residents the area was a relief from the cramped accommodation in the closed housing blocks in the old districts in the city where they came from.

In the course of time the area has deteriorated. The inexpensive social housing attracted predominately socially weaker population groups to the district. The elderly continued to live there and young families settled in the new Vinex districts. This was accompanied by a decline in the support base for the retail property stock.

The housing stock is in need of regeneration. It is outdated and technical faults exist such as cold bridges. Part of the stock (the gallery flats and the maisonettes) are worth retaining and part (namely the flats accessed from a common entrance hall) are in need of replacement.

The study area is a residential area in Geuzenveld-Zuid with flats accessed from a common entrance hall, gallery flats and maisonettes, designed by a leading firm of architects of the day, Van den Broek en Bakema, and built in 1957. It comprises social housing only.

Whether, given the spatial quality, old and new can be combined responsibly is one of the questions that faced the participating architects. There is a shopping street in the area that has lost its function, partly because a new shopping centre has been built bordering the site. To the south and the west of the neighbourhood new housing is being built or will be built on a former traffic artery. To the north and east the neighbourhood is bordered by a canal and a park. The assignment for the intervention area is the design of an exceptional housing block with stacked and ground-level housing.

The parties making the site available expect that raising the quality of the social housing, adding housing suitable for the elderly and greater variety in price and ownership situation will generate a social impulse and increase support for facilities. The regeneration should also lead to a socially safe neighbourhood with an attractive (green) public space and space for both young and old. The area is envisioned as a lively residential area with an influx of new residential groups and opportunities for their upward mobility.

Sustainable building (material use and energy responsible designs) is an integral component of the assignment.

The jury on the site

The site is characteristic of Amsterdam: it has a strong urban structure at a higher scale level, but there are few usable points of departure for the infill of separate residential areas. This leaves many options open: from preserving what exists to radical demolition in order to create a *tabula rasa*. This freedom is less fertile than it appears; it only makes finding convincing solutions more difficult. It says a lot that no single plan was considered eligible as runner-up. Luckily, one plan demonstrates that, although the assignment is difficult, it is not impossible.

26   **Resultaten**
Results

Amsterdam
Amsterdam

Eerste prijs
Prize

Eerste prijs
TR 802
Cassius

Giacomo Summa | 1976

Prize

Om de woonkwaliteit te verbeteren, krijgen zo veel mogelijk flatbewoners de kans te verhuizen naar grondgebonden woningen. Hiertoe worden de lagere flats afgebroken. Omdat de verlangde dichtheid voor de laagbouw geen 'suburbane pseudo-natuur' toestaat, biedt alleen het onvoorwaardelijke grid uitkomst. Door de openbare ruimte en het aantal straten te beperken, kan het aantal grondgebonden woningen tot het uiterste worden opgevoerd. Voor de langgerekte percelen is een onbegrensde verscheidenheid aan woningtypen denkbaar. De woningen zijn niet hoger dan drie meter en beschikken over een dakterras. Als de hogere flatgebouwen blijven staan, zullen hun onderlinge afstanden volgens de ontwerpers corresponderen met de uitgangspunten van de CIAM. In de eerste twee lagen komen garages en individuele entrees naar de hoger gelegen appartementen, waarvan een gedeelte van het type duplex of triplex is.

In order to improve the residential quality, as many flat inhabitants as possible are given the opportunity of moving to ground-level housing. To this end the lower flats are demolished. Because the required density for the low-rise blocks allows no "suburban pseudo-nature", only the unconditional grid offers a solution. By limiting the public space and the number of streets, the number of ground-level homes is increased to the limit. For the elongated plots an unlimited diversity of housing types is conceivable. The housing is no higher than three metres including the roof terraces. If the higher blocks of flats are retained, according to the designers, the distances between them will correspond with the points of departure of the CIAM. Garages and individual entrances to the higher flats are situated in the first two levels, part of which is the *duplex* or *triplex* type.

Resultaten
Results

Amsterdam
Amsterdam

Eerste prijs
Prize

27

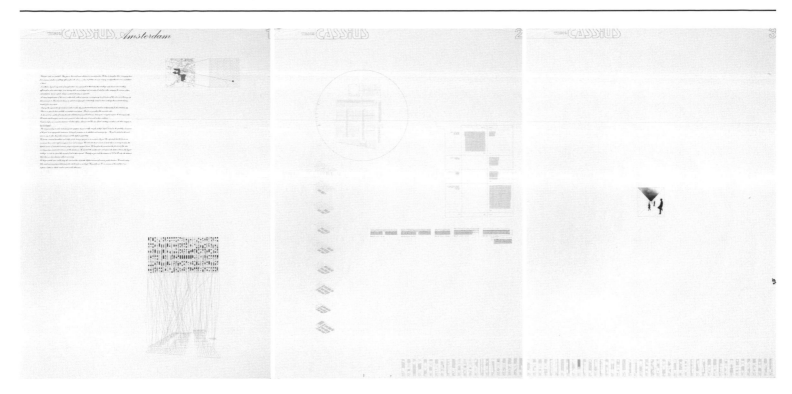

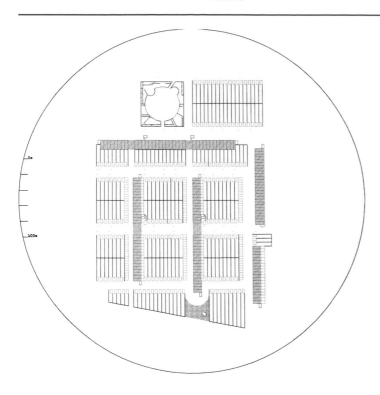

		before	after
common entrance no garage no garden			
		582	44
common entrance +garage			
			114
individual entrance +garden +garage (duplex, triplex)			
			106
ground level houses individual entrance +garden +garage			
			205
total		582	469

1

2

3

4

5

6

7

8

9

Oordeel van de jury

Jury assessment

Door de presentatie, waarin de informatie tot een minimum is teruggebracht, kostte het de jury moeite om door te dringen in de essentie van Cassius. Maar toen het plan zich eenmaal had prijsgegeven, bleek het van een verbluffende eenvoud. Nadat de extremen tot in het uiterste zijn doorgevoerd, biedt het rigide grid ruimte voor een ongebreidelde diversiteit. Zonder dat het ten prooi valt aan nostalgie, maakt Cassius de idealen van de CIAM waar op een manier die het origineel van Bakema overtreft. Het lag voor de hand dat de uitkomst van de radicale aanpak onder de juryleden de nodige discussies opriep. Die spitsten zich onder meer toe op het bijna geheel privatiseren van de openbare ruimte. Het plan is niet alleen extreem, maar ook levensvatbaar, mits het wordt gehanteerd als vertrekpunt – en niet als blauwdruk – voor het verdere planproces. De jury spoort de ontwerpers ook aan zich in het verdere traject communicatiever te tonen dan in hun hermetische prijsvraaginzending.

Because the presentation reduced the information to a minimum, the jury had difficulty in penetrating the essence of Cassius. But once the plan was finally clear, it proved to be astoundingly simple. After the extremes are carried through to their limit, the rigid grid offers space for an unrestrained diversity. Without falling prey to nostalgia, Cassius fulfils the ideals of the CIAM in a way that surpasses the original by Bakema. The outcome of the radical approach naturally prompted discussion, as could be expected, among the members of the jury. They concentrated, among other things, on the almost total privatisation of the public space. The plan is not only extreme, it is also viable, given it is used as a point of departure – and not as a blueprint – for the further plan process. The jury urges the designers to be more communicative in the subsequent phase than in their hermetic competition entry.

'Eigenlijk wilden we meedoen aan tien locaties'

Een gemêleerd gezelschap

Marieke van Rooy Als ik Giacomo Summa in Italië bel om een afspraak te maken voor een interview, staat hij onder grote werkdruk vanwege de afronding van een ontwerp die dag. We komen overeen dat ik hem de volgende dag zal terugbellen, als hij meer rust heeft. De jonge architect (1976) werkt voor Stefano Boeri in Milaan, bij wie hij een paar jaar geleden is afgestudeerd. Summa benadrukt in het gesprek dat hij weliswaar als verantwoordelijk architect op het inschrijfformulier vermeld staat, maar dat het ontwerp tot stand is gekomen met zeven andere architecten die ieder een even groot aandeel erin hebben.[1] De acht kennen elkaar al vanaf hun studententijd en werken op regelmatige basis samen aan prijsvragen of onderzoeken die ze zelf initiëren. Het is een gemêleerd gezelschap. Niet alleen wonen ze verspreid over heel Italië (Genua, Padua, Venetië en Milaan) en zelfs in het buitenland (Rotterdam), ze verhouden zich ook op verschillende manieren tot het vak. Zo is een aantal van hen werkzaam bij een architectenbureau, studeert er een aan het Berlage Institute in Rotterdam, terwijl weer een ander bezig is met een promotie-onderzoek aan de universiteit in Venetië. De overige deelnemers bevinden zich in de afrondingsfase van hun architectuuropleiding. Naast de telefoongesprekken die ik voer met Giacomo Summa, krijg ik druppelsgewijs reacties binnen in de vorm van e-mails. Afkomstig van de anderen die door mijn gesprekspartner op de hoogte worden gehouden. De vragen voor het interview vormen meteen aanleiding voor een felle discussie onderling. Zo maak ik direct kennis met de dynamische manier waarop de groep gewend is te werken.

Brutus en Cassius
Een van de eerste dingen waar ik nieuwsgierig naar ben, is waarnaar de titel Cassius – een naam uit vroeger tijden – verwijst. Het antwoord op deze vraag maakt meteen een heleboel duidelijk. De titel blijkt gelieerd te zijn aan de inzending voor een andere Europan 7-locatie, namelijk Boedapest, die de titel Brutus heeft meegekregen. Brutus en Cassius, twee belangrijke figuren uit het Romeinse rijk, staan symbool voor een intens samenwerkingverband, waarbij de een niet zonder de ander kan functioneren.[2] De wisselwerking tussen beide inzendingen is dan ook van groot belang voor de groep. 'De locaties van Amsterdam en Boedapest vormden een concrete mogelijkheid om een unitaire ontwerpstrategie te presenteren die zich niet uitspreekt over taal of stijl, maar over een methode.'

Waarop heeft die ontwerpstrategie betrekking? 'Traditiegetrouw is er binnen de Europanprijsvragen aandacht voor de typologie van de woning. Onze deelname aan Europan 7 hebben we dan ook aangegrepen om een onderzoek uit te voeren naar de ontwikkeling van een universeel type woningen, inzetbaar voor verschillende locaties met verschillende condities. We hebben onszelf de volgende vragen gesteld: Op welke manier kun je tegenwoordig leven? Hoe kun je met een aantal bindende randvoorwaarden maximale vrijheid geven aan de bewoners? Wat is voor mensen zelf belangrijk in het wonen tegenwoordig?'

De ambities waren groot: 'Eigenlijk wilden we meedoen aan tien locaties. Maar vanwege het prijsvraagreglement hebben we ons moeten beperken tot twee inzendingen. De keus viel op de locaties Boedapest en Amsterdam, omdat deze twee de uiterste posities met betrekking tot de randvoorwaarden innemen. De beschikbare Europan-locatie voor Boedapest is een *tabula rasa*, een leeg gebied met een enkele moestuin. De site in Amsterdam daarentegen is de meest bebouwde van alle Europanlocaties.'

Werkwijze
De panelen die de groep inzond, onderscheiden zich van de meeste andere inzendingen door de eenvoud in presentatie en zeggen veel over hun werkwijze. 'De nadruk op het stellen van vragen, het zoeken naar de essentie van het project verklaart de sobere wijze van presentatie van ons voorstel. Wij hebben geen behoefte om door middel van "renderingen" ons

"Actually we wanted to enter for ten sites"

A mixed company

Marieke van Rooy When I phone Giacomo Summa in Italy to make an appointment for this interview he is under great pressure of work to complete a design for the same day. We agree that I will phone him back the next day when he has more time. The relatively young architect (1976) works for Stefano Boeri in Milan with whom he graduated a few years ago. Summa points out in the interview that, although his name is on the entry form as an architect, the design was created in conjunction with seven other architects who each had as big a share in the design.[1] The eight have known each other since their student days and they work together on prizes or carry out research that they themselves initiate on a regular basis. It is a mixed company. Not only do they live spread throughout Italy (Genua, Padua, Venice and Milan) and even abroad (Rotterdam), they also relate to the profession in different ways. A number of them work at a firm of architects, one studies at the Berlage Institute in Rotterdam while another is busy with a doctoral research project at the university in Venice. The rest are

busy completing their architecture studies. In addition to the telephone conversations with Giacomo Summa, other responses trickle in, in the form of e-mails. They come from the others who are kept informed by Giacomo. The questions for the interview immediately lead to a heated discussion between them and in this way I gain first-hand experience of the dynamic way in which the group is used to working.

Brutus and Cassius
One of the first things I am curious to know is what the title Cassius – dating back to Roman times – refers to. The answer to this question makes everything a lot clearer. The title is

connected with the entry for another Europan 7 site, namely Budapest, that was given the title Brutus. Brutus and Cassius, two important figures in the Roman Empire, are symbols for the intense collaborative partnership whereby the one cannot function without the other.[2] The interaction between both entries is consequently of great importance to the team. "The sites in Amsterdam and Budapest formed a concrete opportunity for presenting a unitary design strategy that does not address language or style, but a method."

What does the design strategy relate to? "By tradition within the Europan competition the focus is on the typology of housing. We have

therefore seized on Europan 7 to carry out research into the development of a universal type of housing, deployable for different sites with differing conditions. We asked ourselves the following: In what way can you live today? How can you give inhabitants maximum freedom with a number of binding prerequisites? What do people themselves currently consider important in their housing?"

The ambitions were high, "Actually we wanted to enter for ten sites. But in compliance with the competition rules we had to limit ourselves to two. We opted for Budapest and Amsterdam because they occupy the two most extreme positions as regards

ontwerp te communiceren. Het project moet niet afhangen van spectaculaire plaatjes. Het gaat ons om het stellen van de vraag en hiermee samenhangend: wat wil je vertellen? Als je onze ingezonden panelen bekijkt, zie je op het laatste paneel een zeer kleine afbeelding, een ruimtelijke vertaling van het project. Dat ene beeld zegt genoeg.' De architecten benadrukken dat stijlkwesties in eerste instantie niet aan de orde zijn in hun ontwerpen. Dit gegeven speelt een grote rol als ik vraag of ze me een aantal voorbeeldarchitecten kunnen noemen aan wie ze zich spiegelen. Enerzijds wordt er een imposante lijst opgevoerd met namen als Apollodoro di Damasco, Ictino, Bramante, Vignola, Palladio, Mies van der Rohe, Hannes Meyer, Grassi, Rossi, Stirling, Koolhaas en Stefano Boeri. Anderzijds aarzelen ze namen te noemen uit angst om geassocieerd te worden met een bepaalde architectonische stijl. De genoemde namen dienen dan ook voornamelijk als referentiepunt voor de houding die deze ontwerpers innemen en innamen ten opzichte van het ontwerp. Silvia Lupi noemt twee voorbeeldprojecten om het bovenstaande kracht bij te zetten: 'Wat Grassi betreft denk ik aan het voorstel voor de renovatie van de blokken van de "vierkante schakels" in Pavia uit 1970. Dit ontwerp behandelt het thema van de compositie door middel van diverse typologieën en diverse varianten betreffende bouwdichtheid. Wat Mies betreft zou ik het Illinois Institute of Technology willen noemen, vanwege het gebruik van een modulus die als referentie dient voor een ruimtelijke eenheid, maar wel opdeelbaar is en te combineren in het geval grotere vertrekken nodig zijn.'

Tot slot noemt Summa nog een andere naam van belang, niet van een architect maar van een regisseur.

'De manier waarop wij projecten benaderen, komt overeen met de werkwijze van de Deense regisseur Lars Von Trier.' Deze beknopte mededeling is veelzeggend. Eenieder die bekend is met het werk van deze experimentele filmmaker weet dat zijn films tot stand komen vanuit een strikt dogmatische benadering en telkens weer aan dezelfde regels worden onderworpen.

Het ontwerp

De opgave voor de locatie in de Westelijke Tuinsteden in Amsterdam betrof het vervangen van de verpauperde naoorlogse strookbebouwing door woningen die qua eisen meer aan deze tijd moesten voldoen. Er zou een oplossing moeten komen voor het samengaan van oud- en nieuwbouw.

Wat betreft de oorspronkelijke bebouwing stelt de Italiaanse groep voor om een groot deel van de strookbebouwing te slopen, uitgezonderd een aantal strategische volumes. De stroken die behouden blijven worden ontmanteld en behouden slechts een à twee verdiepingen, ze zullen zo veel mogelijk toegangen op maaiveldniveau krijgen. De vrijgekomen ruimte tussen deze blokken zal worden ingevuld met laagbouw bestaande uit eengezinswoningen die aan een aantal eisen moeten voldoen. Ze worden maximaal drie meter hoog en zijn voorzien van daken die als terrassen dienst kunnen doen. Binnen de gegeven randvoorwaarden hebben de bewoners maximale vrijheid bij de vormgeving van hun woning. De woningen worden in een streng grid geplaatst dat in de basis aansluit bij de oorspronkelijke stedenbouwkundige verkaveling. Het doel is om een zo groot mogelijk aantal woningen met eigen ingang, tuin en garage te realiseren en hierom worden er zo min mogelijk straten gerealiseerd.

Het ontwerp wordt enerzijds gekenmerkt door een indrukwekkende hoeveelheid van laagbouwwoningen in hoge dichtheid, anderzijds door de dwingende structuur. Ten gunste van de maximale vrijheid op individueel niveau wordt de collectief gedeelde ruimte tot een minimum beperkt. Hoe kwamen jullie tot deze oplossingen?

Summa geeft aan dat de opgave voor de locatie in Amsterdam een uitermate intensieve discussie en vragen binnen de groep heeft opgeroepen. 'Vergeleken bij de Italiaanse situatie leek dit voor ons een ideale buurt om in te wonen. Italiaanse naoorlogse wijken zijn opgebouwd uit anonieme blokken, onsamenhangende gebieden met een enorme sociale problematiek. Voor ons als buitenstaander is het dan ook niet makkelijk te begrijpen dat de naoorlogse wijken in Nederland niet meer functioneren. We vroegen ons af waarom deze locatie beschikbaar was gesteld.' Het antwoord op een buurt die niet meer lijkt te functioneren, werd gevonden in de toepassing van de eengezinswoning op grote schaal. 'We kwamen tot de conclusie dat de Nederlandse bewoner blijkbaar niet meer op deze manier wil wonen, maar een huis met een tuin wil, een garage voor de auto, een hond, een fruitmixer en meubels van Ikea. Private ruimte wint zo terrein op de tot voor kort gekoesterde collectieve ruimte. Wij respecteren dat men tegenwoordig zo leeft, als iedereen een huis naar eigen wensen wil is dat prima, maar de werkelijke vraag is volgens ons wat kunnen wij architecten doen om dit te sturen, wat zijn de methoden om dit te controleren?'

En zo komen we terug bij het voorstel voor Boedapest, dat in principe als basis voor deze opgave heeft gediend. 'Om de keuzes voor Amsterdam te begrijpen, is het van belang het ontwerp voor Boedapest te kennen. Aangaande de woningbouw aldaar wilden wij een typologie ontwerpen die geschikt zou zijn voor diverse marktpartijen. Met de introductie van de eengezinswoning kan de invulling naar eigen wens plaatsvinden. Het biedt mogelijkheden voor luxe woningen, maar ook voor woningen in de sociale sector. Er kunnen vrijstaande huizen gerealiseerd worden, maar bijvoorbeeld ook geschakelde huizen die voorzien zijn van een zwembad, et cetera. Om enigszins lijn te brengen in deze veelzijdigheid van woningen werd besloten een strenge verkaveling toe te passen.'

Uitdaging

Dat ze kans maken om met dit ontwerp de Europan-prijsvraag in Amsterdam te winnen, komt nauwelijks in hen op. Onder andere omdat ze zich realiseren dat de sobere wijze van presenteren, een element dat eerder aan de orde kwam, vaak moeilijk te doorgronden is voor een eventuele opdrachtgever. Dit is dan ook een punt waar nog aan gewerkt moet worden, aldus Summa. Desalniettemin geloven ze wel degelijk in de uitvoerbaarheid van hun plan. 'Als je meedoet aan een prijsvraag met veel deelnemers zoals Europan, denk je niet echt werkelijk aan de consequenties van een eventuele overwinning. Dat neemt echter niet weg dat ons voorstel expliciet de mogelijkheid tot bouwen in overweging neemt. Het is een realistisch antwoord op een duidelijk gestelde vraag. (...) Bouwen in Amsterdam zou een enorme uitdaging zijn, omdat het zou betekenen dat we het onderzoek naar de ideale vorm van wonen meteen in de moeilijkste variant zouden moeten realiseren. Namelijk op een plek waar de randvoorwaarden al volledig vastliggen.' Laten we hopen dat de titel van de inzending in de toekomst niet zal verwijzen naar de tragische ondergang van Brutus en Cassius, maar refereert aan het succesgedeelte van de levens van deze strijdheren.

Deze tekst is tot stand gekomen op basis van telefonische interviews met Giacomo Summa en e-mailbijdragen van de andere architecten uit de groep.

1
De groep bestaat uit Pierpaolo Tamburelli, Francesca Torzo, Lorenzo Laura, Vittorio Pizzigoni, Paolo Carpi, Andrea Zanderigo, Silvia Lupi en Giacomo Summa.
2
Als Brutus en Cassius in 44 voor Chr. Julius Caesar hebben verslagen, nemen zij een belangrijke rol in in de Romeinse strijd. Nadat Brutus denkt de opvolger van Caesar te hebben verslagen in Griekenland, stuurt hij een troep ruiters naar Cassius met het goede nieuws. Cassius die de troep zag naderen, zond op zijn beurt verkenners. De twee groepen begroeten elkaar vriendelijk en wisselen verhalen uit. Cassius meent te begrijpen dat zijn mensen zijn gevangengenomen. Zijn conclusie is dat Brutus verloren heeft en vermoedelijk is overleden. Hij pleegt hierop zelfmoord. Brutus verliest vervolgens de veldslag en maakt dan ook een eind aan zijn leven.

planning constraints. The available Europan site for Budapest is a *tabula rasa*, an empty area with an occasional allotment. The site in Amsterdam, on the contrary, is the most built-up area of all the Europan sites."

Approach

The panels submitted by the team, distinct from most of the other entries owing to the simplicity of the presentation, say much about their approach. "The emphasis on posing questions, the search for the essence of the project explains the sober manner of presenting our proposal. We are not interested in communicating our design by means of 'renderings'. The project cannot depend on spectacular illustrations. We focus on putting forward a question and, in connection with this, deciding what we want to say. If you examine the panels we submitted, the last one has a very small pictorial representation, a spatial translation of the project. That one image says enough." The architects emphasise that questions of style are not addressed in their designs in the first instance. This fact plays a significant role when I ask whether they can name any architects whose example they follow. On the one hand they come up with an impressive list of names: Apollodoro di Damasco, Ictino, Bramante, Vignola, Palladio, Mies van der Rohe, Hannes Meyer, Grassi, Rossi, Stirling, Koolhaas and Stefano Boeri, on the other hand they hesitate to name names, afraid of being associated with a certain style of architecture. The names mentioned serve mainly as a reference point for the position that these designers adopt and have adopted as regards the design. Silvia Lupi names two exemplary projects to lend weight to the above, "Where Grassi is concerned, I think of the proposal for the renovation of the blocks of the 'square links' in Pavia from 1970.

This design addresses the theme of the composition by means of diverse typologies and diverse variations as regards building density. Where Mies is concerned I would like to name Illinois Institute of Technology because of the use of one modulus that serves as a reference for a spatial unit, but one that is dividable and can be combined if larger spaces are required."

Finally Summa names one other important name, not that of an architect, but of a director. "The way in which we approach projects is similar to the way in which the Danish director, Lars Von Trier, works." This succinct statement says a great deal. Anyone familiar with the work of this experimental filmmaker knows that his films stem from a strong dogmatic approach and in each case are subject to the same rules.

The design

The assignment for the site in the Westelijke Tuinsteden districts in Amsterdam concerns the replacement of the run-down, post-war row development with housing that satisfies more contemporary requirements. A solution had to be found for combining existing premises and new developments.

As far as the original buildings are concerned the Italian team proposes demolishing a large part of the row development, with the exception of a number of strategic volumes. The strips that are retained are dismantled and just one or two floors are retained, they will be given as much access as possible from the ground level. The space released between these blocks will be filled in with low-rise building comprising single-family housing intended to satisfy a number of requirements. They are a maximum of three metres high and have roofs that can serve as terraces. Within the given planning constraints the inhabitants have maximum freedom as regards the design of their homes. The housing is placed in a rigid grid that connects up in the base with the original urban parcelisation. The objective is the realisation of as many housing units as possible with their own entrances, gardens and garages and as few surrounding streets as possible.

The design is characterised by the impressive amount of low-rise, high-density, building on the one hand, and by the compelling structure on the other. For maximum freedom at an individual level, the collective, shared space is kept to a minimum. How did you arrive at these solutions?

Summa states that the assignment for the site in Amsterdam did provoke extremely intensive discussion and questions within the team. "Compared with the Italian situation it seemed an ideal neighbourhood to live in. Italian post-war districts are composed of anonymous blocks, incohesive areas with enormous social problems. For us as outsiders it is not easy to understand that the post-war districts in the Netherlands no longer function. We wondered why this site was made available. The answer to a district that apparently no longer functions was found in the application of a single-family home on a large scale. "We came to the conclusion that the Dutch resident evidently doesn't want to live in this way any more, but wants a garden, a garage for the car, a dog, a liquidiser and furniture from Ikea. Private space is gaining ground from what was, until recently, cherished collective space. We respect the fact that people live this way today, and if everyone wants a home according to personal preferences that's fine by us, but the real question, we believe, is what can we as architects do to steer this, what are the methods to control this?".

And so we return to the proposal for Budapest that, in principle, served as the basis for this assignment. "In order to understand the choices for Amsterdam it is important to be familiar with the design for Budapest. As regards house building there, we wanted to design a typology that would be suitable for various market parties. With the introduction of the single-family home, the infill can take place according to individual preference. It creates the opportunity for luxury housing, but also for housing in the social sector. Detached houses can be built, but also, for example, interlinked houses with a swimming pool, *et cetera*. In order to align this multitude of housing we decided to apply rigid parcelisation."

Challenge

They never thought about the possibility of winning the Europan competition with this design for Amsterdam. One reason being that they realised that the sober manner of presentation, an element discussed earlier, is often difficult for a potential client to fathom. This is a point they will have to work on according to Summa. Be that as it may, they genuinely believe in the feasibility of their plan. "If you enter a competition with as many entrants such as Europan, you don't really consider the consequences of actually winning. That doesn't alter the fact, however, that our proposal does explicitly consider the possibility of realisation. It is a realistic answer to a clearly-formulated question." [...] "Building in Amsterdam would be an enormous challenge because it could mean that we would have to put our research into the ideal form of housing straight to the test in the most difficult variant. Namely on a spot where the planning constraints are very specifically laid down." Let us hope that the title of the entry in the future does not refer to the tragic fall of Brutus and Cassius but rather to the successful part of these warriors' lives.

This article is based on telephone interviews with Giacomo Summa and e-mail contributions from other members of the team.

1
The team comprises Pierpaolo Tamburelli, Francesca Torzo, Lorenzo Laura, Vittorio Pizzigoni, Paolo Carpi, Andrea Zanderigo, Silvia Lupi and Giacomo Summa.
2
When Brutus and Cassius defeat Julius Caesar in 44 bc they enter centre stage in Roman history. When Brutus thinks he has defeated Caesar's successor in Greece, he sends a troop of cavalry to Cassius with the good news. When Cassius sees the troops approaching, he in turn sends out his scouts. The two groups exchanged pleasantries and news. Cassius thinks that his men have been captured. He concludes that Brutus has lost the battle and is probably dead. He commits suicide. Brutus subsequently loses the battle and then kills himself.

34   Resultaten
Results
     Amsterdam
Amsterdam
     Bijzondere vermelding
Special mention

Bijzondere vermelding   Special mention

BH 500 Bloomhouse

Michiel Hofman NL 1971
Barbara Dujardin F 1970

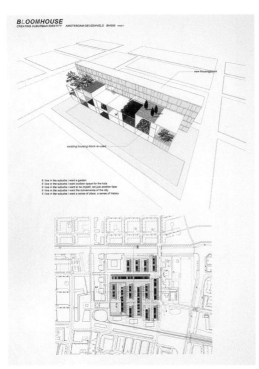
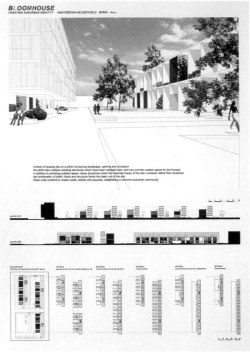
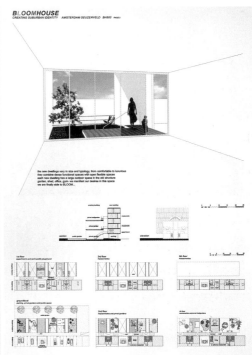

De bestaande woongebouwen worden gestript, zodat alleen hun skelet overblijft. Ernaast worden nieuwe woongebouwen opgetrokken. Hierdoor blijft de verkaveling van de Bakemabuurt in grote lijnen gehandhaafd. De gestripte flats, die de herinnering aan het verleden levend houden, bieden plaats aan privé-buitenruimten, collectieve voorzieningen en tuinen. Het oude en het nieuwe gebouw komen op een plint te staan die het openbare gebied organiseert.

The existing housing blocks are stripped, so that only their skeletons remain. New housing blocks are erected alongside them. In this way the parcelisation of the Bakemabuurt is, broadly speaking, retained. The stripped flats, that keep the memories of the past alive, create space for private exterior spaces, collective facilities and gardens. The old and the new buildings stand on a base that organises the public area.

Oordeel van de jury

Jury assessment

Een verrassend concept dat het verdient onder de aandacht te worden gebracht. Niet zozeer het idee om aan de bestaande woongebouwen nieuwe volumes toe te voegen is origineel, wel het voorstel om de woonfunctie geheel naar de nieuwbouw te verplaatsen, zodat de gestripte casco's beschikbaar komen voor andere bestemmingen. De vraag of de gesuggereerde invulling met 'tuinen' dan het meest voor de hand ligt, is van ondergeschikt belang.

A surprising concept that merits attention. The idea of adding new volumes to the original housing blocks is not so original, but the proposal to transfer the residential function in its entirety to the new development, so that the stripped shell becomes available for other designations, is. The question as to whether the suggested infill with "gardens" is the most obvious choice, is of secondary importance.

Den Haag
Morgenstond-Midden

Studiegebied 10 ha
Plangebied 2,5 ha
Partijen: gemeente Den Haag en corporatie Staedion

De wijk Morgenstond vormt een van de eerste stadsuitbreidingen naar het structuurplan voor Den Haag-Zuidwest van Dudok uit 1949, een symbool voor de wederopbouw van Nederland. De structuur en de compositie zijn kenmerkend voor de Nederlandse systematische stedenbouw van de naoorlogse, suburbane stadsuitleg. De wijk heeft een ruime opzet van lanen, singels, bebouwing in verschillende verkavelingstypen in gestapelde bouw en collectieve binnentuinen. Het gebied Morgenstond-Midden wordt in het oosten begrensd door het Zuiderpark en in het westen door de markante bebouwingsstrip van het Woningbouwfestival langs de Dedemsvaartweg.

De gemeente en de in het gebied actieve corporaties zijn het erover eens dat het bestaande woningbestand voor het overgrote deel zal worden gesloopt. De vernieuwing zal moeten leiden tot het woonmilieu van de 'compacte stedelijke tuinstad'.

De centrale zone in Morgenstond-Midden, doorsneden door het vernieuwde winkelcentrum, vormt het lineaire studiegebied. Door een divers programma en herkenbare stedenbouwkundige vorm kan deze een belangrijke referentie worden voor een nieuwe collectieve identiteit in geheel Zuidwest: hedendaagse woonvormen in de 'Parkstad van Den Haag'.

Het is de bedoeling dat de bevolkings-differentiatie wordt verbreed door ontwikkeling van een nieuw woonmilieu en door gericht woningaanbod op basis van de potenties van de locatie en de aanwezige marktvraag in de wijk en regio. De doelgroepen vormen vooral jonge gezinnen, maar tevens jonge tweeverdieners en ouderen met elk hun specifieke wooneisen. Daarnaast moeten clustering en uitbreiding van voorzieningen nabij het wonen en een verhoogde gebruikswaarde van de openbare ruimte het gebied weer toekomstwaarde geven. Het plangebied bevindt zich op de kop van het studiegebied, daar waar het grenst aan de Dedemsvaartweg.

Het gewenste programma voor zowel het studie- als voor het plangebied bestaat uit woningen. Gestreefd wordt naar vernieuwing door trans-formatie binnen de bestaande structuur. Tevens is het streven een toekomstgerichte ontwikkeling door duurzaamheid in fysiek, sociaal en economisch opzicht. Intensief gebruik van de groene, openbare ruimte en vergroting van de diversiteit in het woningaanbod in relatie tot leefstijlen en doelgroepen zijn aandachtspunten voor de ontwerpers.

De jury over de locatie
De opgave in Den Haag bevat alle ingrediënten die het thema van Europan 7 actueel maken: een naoorlogse woonwijk met onmiskenbare kwaliteiten, vooral in de ruim opgezette steden-bouwkundige structuur met veel groen, die echter veel van zijn aantrekkingskracht heeft verloren. Maar de opgave brengt ook verwar-ring over het schaalniveau teweeg. De jury bespeurt bij de deelnemers enige onzekerheid over de vraag of hier in de eerste plaats een architectonische ingreep wordt verlangd of een stedenbouwkundige. De prijswinnaars bewijzen dat er uitwegen zijn om dit dilemma te over-winnen. Ze laten zien dat het Europan-gebied in Morgenstond-Midden er met een geleidelijke transformatie in alle opzichten flink op vooruit kan gaan: architectonisch, stedenbouwkundig en in het ontwerp van de open ruimte.

The Hague
Morgenstond-Midden

Study area 10 ha
Intervention area 2.5 ha
Parties: municipality of The Hague and Staedion housing corporation

The Morgenstond district forms one of the first urban expansions according to the structure plan for The Hague-Zuidwest drawn up by Dudok in 1949, a symbol for the reconstruction of the Netherlands. The structure and the composition are characteristic of the systematic urban design of post-war, suburban expansion in the Netherlands. The district has a spacious layout of lanes, boulevards, developments in various parcelisation patterns in stacked constructions and collective courtyards. The Morgenstond-Midden district is bordered to the east by the Zuiderpark and to the west by the prominent strip of building the "Woningbouwfestival" along Dedemsvaartweg.

The municipality and the housing associations active in the area agree that the majority of the existing housing stock will be demolished. The regeneration is intended to lead to a housing environment of a "compact urban garden city".

The central zone of Morgenstond-Midden, intersected by the renovated shopping centre, forms the linear study area. By means of a diverse programme and recognisable urban form, the central zone can become an important reference for a new collective identity in the whole of Zuidwest: contemporary forms of housing in "Park City – The Hague".

The aim is to widen the population differentiation by developing new residential environments and a housing supply based on the potential of the site and existing market demand in the district and the region. The target groups are young families in particular, but also young double-income couples and the elderly with their specific housing requirements. In addition, clustering and expanding facilities near the housing and increasing the user value of the public space should give the area future value.

The intervention area is at the head of the study area, where it borders on Dedemsvaartweg.

The programme required for both the study and the intervention area comprises housing. The objective is regeneration by means of trans-formation within the existing structure. A future-orientated development is aspired to through sustainability in physical, social and economic respects. Intensive use of the green public space and increasing the diversity in the housing supply in relation to lifestyles and target groups are key points to be considered by the designers.

The jury on the site
The assignment in The Hague contains all the ingredients that make Europan 7 of current interest: a post-war residential district with unmistakable qualities, chiefly in the spaciously-planned urban structure with many green zones that have, however, lost much of their attraction. But the assignment also creates confusion about the scale level. The jury detects a degree of uncertainty among the participants as to whether priority should be given here to an architectural intervention or an urban one. The prizewinners demonstrate that there are ways of overcoming this dilemma. They demonstrate that with a gradual transformation the Europan area in Morgenstond-Midden can be considerably improved on all fronts: on an architectural and urban level and in the design of the open space.

38

Resultaten
Results

Den Haag
The Hague

Eerste prijs
Prize

Eerste prijs Prize

CH 026
Urban Morphing

Jesús Hernández Mayor   E 1967
Elena Casanova García   E 1967

Urban Morphing beoogt een geleidelijke transformatie van Morgenstond. In het studiegebied wordt een aantal clusters onderscheiden die in feite samengestelde, hybridische bouwblokken zijn. Hierdoor ontstaat ook stedenbouwkundig een grote variatie, die vooral tot uitdrukking komt in veel verschillende openbare, collectieve en private ruimten. Elke cluster heeft op zijn beurt een gedifferentieerd woningaanbod. Voor de locatie zijn zes woningtypen ontwikkeld. Alle woningen bevatten een grote, vrij indeelbare ruimte (*living empty space*). De vaste voorzieningen, zoals de badkamer en de keuken, zijn samengebracht in een service box. Veel woningen hebben vides, waarbij de vrije ruimte zich soms over twee of drie verdiepingen uitstrekt.

Urban Morphing aims at a gradual transformation of Morgenstond. In the study area a number of clusters distinguish what are, in fact, composite, hybrid housing blocks. This also creates a large variation, at an urban level, one that is predominantly expressed in the many distinct public, collective and private spaces. Each cluster in turn has differentiated housing. Six housing types have been developed for the site. All the housing comprises a large space with a flexible layout (living empty space). The fixed facilities, such as bathroom and kitchen have been combined in a "service box". Many of the homes have open spaces whereby the empty space can sometimes extend over two or three floors.

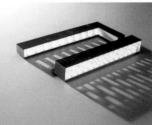
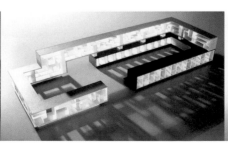

Resultaten
Results

Den Haag
The Hague

Eerste prijs
Prize

39

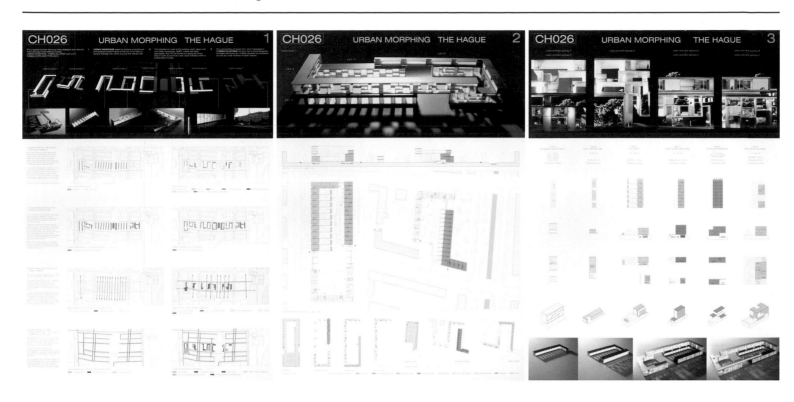

USES: EXISTING SITUATION
◻ HOUSING ◻ FACILITIES

USES: PROPOSAL
◻ APARTMENTS ◻ TYPE A ◻ TYPE B ◻ LIVING AND WORKING ◻ SEMI-DETACHED HOUSING
◻ OLDERS HOUSING ◻ SCHOOL ◻ EXISTING BUILDINGS

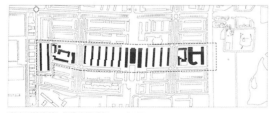

URBAN MORPHOLOGY: EXISTING SITUATION
◻ FOOTPRINT OF THE EXISTING BUILDINGS

URBAN MORPHOLOGY: PROPOSAL
◻ FOOTPRINT OF THE NEW BUILDINGS

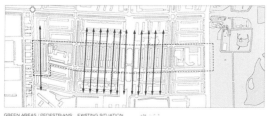

GREEN AREAS / PEDESTRIANS: EXISTING SITUATION
◻ PUBLIC GREEN AREAS ◻ PEDESTRIAN PATHS ◻ WATER

GREEN AREAS / PEDESTRIANS: PROPOSAL
◻ PUBLIC GREEN AREAS ◻ COLLECTIVE GREEN AREAS ◻ PRIVATE GREEN AREAS ◻ WATER
◻ PEDESTRIAN PATHS

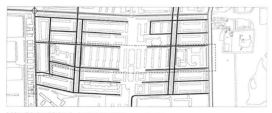

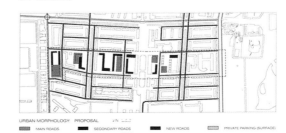

CIRCULATIONS AND PARKING: EXISTING SITUATION
◻ MAIN ROADS ◻ SECONDARY ROADS ◻ PARKING (SURFACE)

URBAN MORPHOLOGY: PROPOSAL
◻ MAIN ROADS ◻ SECONDARY ROADS ◻ NEW ROADS ◻ PRIVATE PARKING (SURFACE)
◻ COLLECTIVE PARKING (UNDERGROUND) ◻ PRIVATE PARKING (UNDERGROUND)

40   Resultaten
Results   Den Haag
The Hague   Eerste prijs
Prize

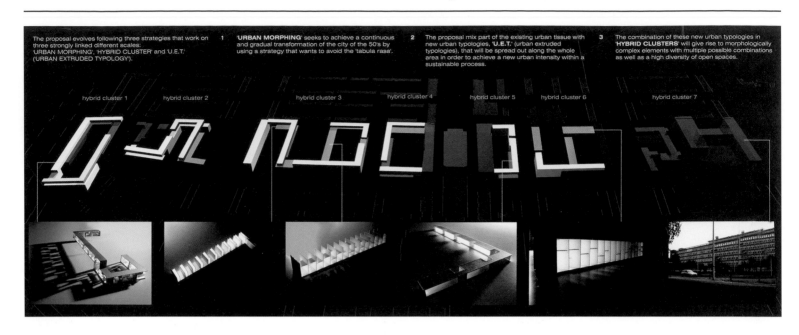

The proposal evolves following three strategies that work on three strongly linked different scales: 'URBAN MORPHING', 'HYBRID CLUSTER' and 'U.E.T.' (URBAN EXTRUDED TYPOLOGY).

1   'URBAN MORPHING' seeks to achieve a continuous and gradual transformation of the city of the 50's by using a strategy that wants to avoid the 'tabula rasa'.

2   The proposal mix part of the existing urban tissue with new urban typologies, 'U.E.T.' (urban extruded typologies), that will be spread out along the whole area in order to achieve a new urban intensity within a sustainable process.

3   The combination of these new urban typologies in 'HYBRID CLUSTERS' will give rise to morphologically complex elements with multiple possible combinations as well as a high diversity of open spaces.

hybrid cluster 1   hybrid cluster 2   hybrid cluster 3   hybrid cluster 4   hybrid cluster 5   hybrid cluster 6   hybrid cluster 7

urban extruded typology A
+
urban extruded typology C

urban extruded typology A

urban extruded typology B
+
urban extruded typology A

urban extruded typology B
+
urban extruded typology D

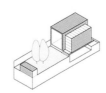

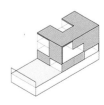

Oordeel van de jury

Jury assessment

Urban Morphing overtuigt in tal van opzichten. Het plan presenteert een even elegante als pragmatische manier om het gebied stap voor stap onder handen te nemen. Het ontwerp biedt een grote verscheidenheid. Niet alleen in woningen, maar ook in verschillende soorten open ruimten, waarvan kan worden verwacht dat ze zowel in het gebruik als in het beheer beter zullen functioneren dan het onbestemde groen dat nu tussen de flatgebouwen ligt. Het situeren van de woningentrees aan de binnenkant van het blok is aanleiding voor de kanttekening dat de straten hierdoor aan levendigheid verliezen; daar staat tegenover dat het binnenterrein er juist door wordt geactiveerd. De architectuur is nog weinig uitgewerkt. Onderdelen als de stedenbouwkundige opzet en de woningtypen grijpen echter zo geraffineerd in elkaar, dat de jury er alle vertrouwen in heeft dat de ontwerpers ook hiervoor over voldoende talent beschikken.

Urban Morphing is convincing in numerous respects. The plan presents an elegant and pragmatic way of taking the area in hand, step by step. The plan offers great diversity. Not only in housing, but also in distinct forms of open space which, it may be expected, will be easier to manage and will function better than the indeterminable green strips now lying between the flats. The positioning of housing entrances on the inner side of the block provokes the remark that this causes the streets to lose their liveliness; on the other hand this activates the inner courtyard. The architecture has had little elaboration. Elements such as urban layout and housing types interlock in such a refined way, that the jury has every confidence that the designers have sufficient talent.

'Alle bijdragen uit de maatschappij zijn waardevol'

Een gesprek met Elena Casanova en Jesús Hernández

Catja Edens Elena Casanova (1967) en Jesús Hernández (1967) houden kantoor op de tweede verdieping van het Rotterdamse Atlantic House aan het Westplein. Naast Café Loos ligt de entree naar de bovengelegen kantoren. Bronzen beelden van Hermes en Neptunus herinneren hier aan de tijd dat haven en stad nog onlosmakelijk verbonden waren. Buiten rijdt de tram naar zijn eindpunt en vertrekt de taxiboot vanuit de Veerhaven, binnen bepalen geglazuurde bakstenen, smeedijzer en art deco beeldhouwwerk de sfeer. Het kantoor van Casanova en Hernández is eenvoudig en zakelijk ingericht. Omringd door maquettes en projectboekjes praten de architecten enthousiast over architectuur, strategie en mentaliteit.

Casanova en Hernández begonnen in 1985 hun studie aan de Technische Universiteit voor Architectuur in Madrid. Casanova volgde de richting architectuur en civiele techniek, Hernández deed architectuur en stedenbouw. De opleiding was zwaar en een gemiddelde studieduur van tien tot twaalf jaar was zeker niet ongebruikelijk. Evenals veel andere studenten werkten Casanova en Hernández tijdens hun studie bij diverse bureaus. De omstandigheden waren in die tijd buitengewoon gunstig. De EXPO in Sevilla en de Olympische Spelen in Barcelona genereerden een enorme hausse aan opdrachten en de sfeer op de bureaus was levendig en spannend.

De studie van de beide architecten verliep vrijwel parallel. Casanova en Hernández begonnen op dezelfde dag aan hun opleiding en werkten in dezelfde periode bij verschillende bureaus in Madrid. Ook vertrokken ze gelijktijdig voor een jaar naar Italië. Casanova studeerde in Milaan, Hernández in Turijn. Het duurde echter tot hun afstuderen voordat hun paden elkaar kruisten: dit was het begin van een gepassioneerde samenwerking.

Voor Casanova en Hernández heeft nooit een vaste rolverdeling gegolden. Ondanks het accentverschil in hun opleiding, is hun samenwerking een echte bundeling van krachten. Beide architecten zijn vol vuur over hun vak en leggen een gretige belangstelling aan de dag voor alles wat te maken heeft met architectuur, stedenbouw en *landscaping*. Ze laten zich inspireren door uiteenlopende ontwerpers als Moneo, Gehry, Herzog & de Meuron, Holl en Koolhaas en grote meesters uit het verleden zoals Le Corbusier, Aalto en Kahn. Heldenverering past echter niet bij hun benadering van architectuur. 'Architectuur is voor ons geen politiek', stelt Hernández. 'We kiezen geen partij voor een bepaalde stroming, want dat betekent per definitie een beperking.' 'Je kunt beter zeggen dat we respect hebben voor alle architecten', stelt Casanova, 'vanwege hun overlevingsdrang in een veeleisend beroep. Het gaat eigenlijk ook niet om stijl maar om mentaliteit. Een Nederlandse architect noemde Michael Schumacher ooit zijn grote held vanwege zijn vastberadenheid en gedrevenheid. Daar kan ik me wel in vinden.'

Door tijdschriften als *Architectura Viva* kwamen Casanova en Hernández na hun afstuderen in aanraking met West 8. Gegrepen door de revolutionaire benadering van projecten als Borneo Sporenburg en het Schouwburgplein besloten ze naar Nederland te vertrekken. Eerst werkten ze samen bij West 8, daarna vertrok Casanova naar Neutelings Riedijk Architecten en Hernández naar Claus en Kaan. De ervaringen uit deze periode waren cruciaal voor hun ontwikkeling. In relatief korte tijd leerden ze de Nederlandse situatie kennen.

Casanova en Hernández voelen zich erg thuis bij de Nederlandse werkwijze en mentaliteit. 'Opvallend is de flexibiliteit van het ontwerpproces. Projecten komen tot stand door de samenwerking van verschillende partijen zoals de opdrachtgever, de gemeente, de constructeur en de ontwerper. Ze maken deel uit van een zeer verfijnd proces waarin elke partij vanuit zijn specifieke discipline en positie input levert. Een architect moet in dit proces openstaan voor allerlei mogelijkheden. Discussie tussen de verschillende partijen kan uiteindelijk leiden tot de ultieme oplossing die werkt voor alle betrokkenen.'

'In Spanje is de situatie heel anders', leggen de ontwerpers uit, 'daar heeft de architect veel meer de positie van bouwheer. In afzondering werkt hij aan een project en bepaalt de vorm, de structuur en de besteding van het budget. Daarna zal hij zijn ontwerp te vuur en te zwaard verdedigen tegen ingrepen van buitenaf. In Nederland moet je als architect altijd alert zijn en bijblijven, het ontwerpproces is heel levendig en alles verandert voortdurend. De vele mogelijkheden die zich in het ontwerpproces aandienen, leiden soms tot briljante uitkomsten waarop een architect in zijn eentje nooit zou zijn uitgekomen.'

In de werkwijze van Casanova en Hernández is research heel belangrijk. Het vormt de onmisbare basis voor de ontwikkeling van sterke

"All contributions from society are valuable"

An interview with Elena Casanova and Jesús Hernández

Catja Edens Elena Casanova (1967) and Jesús Hernández (1967) have their office on the second floor of the Atlantic House on Westplein in Rotterdam. The entrance to the upstairs office is next to Café Loos. Bronze statues of Hermes and Neptune recall the days when the port and the city were inextricably linked. Outside, the tram drives to its final destination and the taxi-boat leaves from Veerhaven; inside, glazed brickwork, wrought iron and Art Deco sculptures set the scene. The office of Casanova and Hernández has a simple and professional layout. Surrounded by scale models and project books, the architects enthusiastically discuss architecture, strategy and mentality.

Casanova and Hernández embarked upon their studies at the Technical University for Architecture in Madrid in 1985. Casanova studied architecture and civil engineering, Hernández studied architecture and urban design. The curriculum was tough and studying on average for ten to twelve years was not uncommon. Like many other students, Casanova and Hernández worked at various firms of architects during their studies. Circumstances at the time were extremely favourable. The EXPO in Seville and the Olympic Games in Barcelona generated an enormous boom in assignments and the atmosphere at the offices where they worked was lively and exciting.

Their studies ran almost parallel. Casanova and Hernández began their studies on the same day and they worked in the same period at various offices in Madrid. They both left Spain at the same time to go to Italy for a year. Casanova studied in

Milan, Hernández in Turin. It was only when they graduated that their paths crossed: it was the beginning of a passionate collaboration.

Casanova and Hernández have never had fixed roles. Despite the difference in accent in their training, their collaboration is a true pooling of efforts. Both architects are passionately enthusiastic about their profession and demonstrate a keen interest in everything to do with architecture, urban design and landscaping. They are inspired by various designers such as Moneo, Gehry, Herzog & de Meuron, Holl and Koolhaas and great masters from the past such as Le Corbusier, Aalto and Kahn. Hero worship, however, does not fit in with their approach to architecture. "Architecture is not a game of politics to us," says Hernández, "we don't declare ourselves in favour of a party, for a particular school or movement of architecture because that means, by definition, a restriction." "It would be better to say that we respect all architects," says Casanova, "because of their survival instinct in a highly-demanding profession. It's not about style but about mentality. A Dutch architect once said that Michael Schumacher was a great hero of his because of his resoluteness and passion. I can sympathise with that."

After Casanova and Hernández had graduated they came into contact with West 8 through magazines such as Architectura Viva. Moved by the revolutionary approach of projects such as Borneo Sporenburg and Schouwburgplein, they decided to move to the Netherlands. They first worked together at West 8, then Casanova left for Neutelings Riedijk Architecten

and Hernández joined Claus en Kaan. The experiences they gained during this period were crucial for their development. In a relatively short period of time they became familiar with the Dutch situation.

Casanova and Hernández feel extremely at home with the Dutch approach and mentality. "The flexibility of the design process is remarkable. Projects come into being through collaboration between various parties such as the client, the municipality, the structural engineer and the designer. This is part of a highly refined process in which each party contributes input from their specific discipline and position. In this process an architect must be receptive to a wide range of possibilities. Discussion between the various parties can finally lead to the ultimate solution that works for all those involved."

"In Spain the situation is completely different," the designers explain, "there the architect is much more of a 'master builder'. He works

on a project in isolation and determines the form, the structure and the spending of the budget. In addition he will defend his design with fervour against interventions from outside. In the Netherlands, as an architect you have to be constantly alert and keep pace, the design process is very lively with everything constantly changing. The many opportunities that present themselves in the design process sometimes lead to brilliant outcomes, which an architect would never have arrived at on his or her own."

Research is very important in Casanova's and Hernández' approach to work. It forms the essential basis for the development of strong concepts that are flexible enough for various elaborations. The Groningen project, Folding Walls, serves as an example of this, a complex of three villas that, by means of a flexible wall, forms a unit. This wall interconnects the villas and prompts the accommodation of all the

concepten die flexibel genoeg zijn voor verschillende uitwerkingen. Als voorbeeld dient het Groningse project Folding Walls, een complex van drie villa's dat door middel van een flexibele muur een eenheid vormt. De muur verbindt de villa's onderling en biedt aanleiding om alle benodigde elementen zoals tuinen, patio's en bergingen in het complex onder te brengen. Het concept voor Folding Walls werd met de betrokken partijen nader uitgewerkt aan de hand van een basismaquette. Een simpele kartonnen strook met enkele uitsparingen kon op elke gewenste manier worden gebogen en gevouwen: doeltreffend en overtuigend.

De opdrachtgever voor dit project was de Groningse woningbouwcorporatie Nijestee, tevens opdrachtgever voor Urban Symbiosis, waarmee Casanova en Hernández twee jaar geleden Europan 6 wonnen. Folding Walls moest dienen als een vingeroefening voor alle betrokken partijen om ervaring op te doen met de samenwerking. Het was een succes en behalve aan de realisatie van het villacomplex wordt inmiddels ook verder gewerkt aan de ontwikkeling van Urban Symbiosis.

Casanova en Hernández zijn intussen ver verwijderd geraakt van hun Spaanse wortels. Ze zijn zich ook bewust van hun gemengde identiteit: die is niet meer geheel Spaans maar ook niet volledig Nederlands, ook al beheersen ze intussen de taal. Beide ontwerpers zien het als een voordeel dat ze bekend zijn met verschillende culturen, situaties en mentaliteiten. Toch zien ze ook de schaduwzijde. 'Globalisering brengt het risico van het verlies van identiteit met zich mee', stellen Casanova en Hernández vast. Een ruim referentiekader en een onbevoordeelde blik vormen echter ook een onmisbaar instrument dat de ontwerper in staat stelt telkens de ultieme oplossing te ontwikkelen.

Opvallend in het oeuvre van Casanova en Hernández is de enorme reikwijdte. Naast een bescheiden project als Folding Walls in Groningen, maakten ze ook ontwerpen voor een reusachtig Sportpaleis op Gran Canaria, het Nam June Paik Museum in Zuid-Korea en wijkcentra in Denemarken.

De steeds sterkere roep om gespecialiseerde architecten in Europa en de Verenigde Staten vinden Casanova en Hernández een slechte ontwikkeling. Specialisatie betekent voor hun beperking. 'Het gereedschap van de architect is zijn kennis van verschillende terreinen, zijn capaciteit om te communiceren en zijn intuïtie. Juist in de samenwerking, in de voortdurende vernieuwing van kennis op allerlei terreinen liggen de kansen, stelt Hernández. 'De kracht zit in een brede ontwikkeling die je in staat stelt kennis te combineren zodat deze bruikbaar is voor alle schaalniveaus en alle omstandigheden', vult Casanova aan.

De deelname aan prijsvragen is voor Casanova en Hernández een manier om hun kennis te testen en in praktijk te brengen. Europan 7 bood een uitgelezen kans om de ideeën over de aanpassing van het na-oorlogse woningenareaal nader uit te werken. De meeste woningen uit deze periode zijn met 50 tot 60 vierkante meter, naar huidige maatstaven veel te klein. Ook dwingt nieuwe regelgeving op het gebied van warmte- en geluidsisolatie tot allerlei aanpassingen.

Toch is de beleving van bewoners in internationaal perspectief verschillend. In Spanje is men gewend aan dit soort kleine woningen, leggen Casanova en Hernández uit. Ook is het hebben van een eigen tuin daar niet gebruikelijk. Het verschil tussen de appartementen die op dit moment in de Spaanse steden worden gerealiseerd en de woningen uit de jaren vijftig en zestig is niet groot. Hernández: 'In Spanje kiezen mensen er bewust voor om in een stedelijke samenleving te wonen. De stad is de stad: daar heb je nu eenmaal buren onder, boven en naast je wonen en daar heb je geen tuin. Het sociale leven speelt zich in Spanje ook grotendeels af in de publieke ruimte. Spanjaarden manifesteren hun identiteit niet zozeer met hun woning, zoals in Nederland, maar meer met hun kleding en de cafés en restaurants die ze bezoeken.'

In Nederland is de noodzaak om naoorlogse woonwijken aan te passen echter groot. Casanova en Hernández ontwikkelden voor het Haagse Morgenstond-Midden een intelligente transformatiestrategie. Evenals in veel andere naoorlogse wijken vormden hier niet alleen de woningen maar ook de groene ruimten een probleem. In de jaren vijftig en zestig werden woonblokken vrij in een landschap van openbare ruimten geplaatst, die nu echter te groot en te eentonig blijken. Ze worden nauwelijks gebruikt en ook het onderhoud blijkt een groot probleem. 'Het belang van openbare ruimte mag je echter niet onderschatten', stelt Hernández. 'Het is al sinds de klassieke Oudheid een kenmerk van beschaving. (...) Openbare ruimte is belangrijk voor de publieke beleving, voor de structuur en de aanblik van de stad.' 'Het is als een publieke kamer in de buitenruimte', voegt Casanova toe.

Met hun studenten in Delft deden Casanova en Hernández een project waarbij onder meer werd onderzocht welk belang mensen hechten aan openbare ruimte. Het bleek dat overal grote behoefte bestaat aan een vorm van collectiviteit, aan openbaar leven. Voor Casanova en Hernández is dit een belangrijke uitkomst. 'Wie zich nu alleen op de woningen concentreert en onvoldoende aandacht besteedt aan het openbare domein, zit straks met het omgekeerde probleem.'

Het ontwerp voor Morgenstond-Midden, getiteld Urban Morphing, is een intelligente strategie om de gecompliceerde problematiek van de naoorlogse wijk het hoofd te bieden. Dit gebeurt aan de hand van drie centrale thema's: Urban Morphing, U.E.T en Hybrid Clusters. Urban Morphing is een open strategie voor geleidelijke verandering van de wijk waarbij een tabula rasa-situatie wordt vermeden. De bestaande textuur van bouwblokken wordt geleidelijk vervangen door gebouwenclusters die nieuwe verbindingen vormen met hun omgeving, in overeenstemming met de stad als een zich voortdurend transformerend fenomeen. De gebouwenclusters worden opgebouwd uit U.E.T.'s, Urban Extruded Typologies. Casanova en Hernández ontwikkelden hiertoe een set van woningtypologieën zoals 'panorama apartment', 'patio-penthouse', '70% empty' en 'living and working', waarvoor een schakeling (extrusie) werd ontworpen, compleet met hoekoplossingen. Deze U.E.T.'s vormen grote structurele elementen waarmee een nieuw stedelijk weefsel kan worden opgebouwd.

Door de U.E.T.'s te schakelen en te stapelen, ontstaat een eindeloze reeks mogelijkheden voor het programmeren van stedelijke ruimte in Hybrid Clusters. De U.E.T.'s vormen basiselementen waarmee diverse leefgemeenschappen van verschillende samenstelling in het levende systeem van Morgenstond-Midden kunnen worden ingepast. Elk cluster krijgt een eigen karakter en een herkenbare identiteit met een passend stelsel van publieke en collectieve ruimten en parkeervoorzieningen dat gelijktijdig wordt ontwikkeld. Urban Morphing biedt een strategie waarbij niet tientallen jaren vooruit hoeft te worden gepland. De precieze invulling en programmering van het gebied zijn flexibel en kunnen worden aangepast aan de wensen en eisen van de bewoners.

'Nederland is een sociaal land', stelt Casanova. 'Het feit dat bewoners mogen meepraten over ontwikkelingen is bijzonder en heel inspirerend. Mensen hebben vaak een scherpe blik en een uitgesproken mening. Het gaat dan niet meer om wie er gelijk heeft: alle bijdragen uit de maatschappij zijn waardevol.'

required elements such as gardens, patios and sheds in the complex. The concept for Folding Walls was further elaborated, in conjunction with the parties involved with the aid of a basic model. A simple cardboard strip with a number of openings could be bent and folded as required: effective and convincing.

The client for this project was the Groningen-based housing corporation, Nijestee, also the client for Urban Symbiosis with which Casanova and Hernández won Europan 6 two years ago. Folding Walls was to serve as a finger exercise for all the parties involved, to gain experience in working together. It was a success and in addition to the realisation of the villa complex, work is now under way on the development of Urban Symbiosis.

In the meantime Casanova and Hernández have become estranged from their Spanish roots. They are also conscious of their mixed identity: it is no longer wholly Spanish, but neither is it fully Dutch, even though they now have a command of the language. Both designers see it as an advantage that they are familiar with different cultures, situations and mentalities. But they also recognise the drawbacks. "Globalisation has the accompanying risk of losing identity" state Casanova and Hernández. A wide frame of reference and an unprejudiced outlook, however, form an indispensable instrument that enables the designer to develop the ultimate solution in each case.

The work of Casanova and Hernández is remarkable for its enormous range. In addition to a modest project such as Folding Walls in Groningen, they have also made designs for a gigantic sports palace on the Canary Islands, the Nam June Paik Museum in South Korea and district centres in Denmark.

Casanova and Hernández consider the increasingly strong cry for specialist architects in Europe and the United States a negative development. Specialisation for them signifies restriction. "The architect's tools are his knowledge of varying terrains, his capacity to communicate and his intuition. It is precisely in the cooperation, in the constant up-dating of knowledge on all fronts where the

opportunities lie," says Hernández. "The strength lies in a broad development that enables you to combine knowledge so that this is deployable at all scale levels and under all circumstances," adds Casanova.

Participating in competitions is for Casanova and Hernández one way of putting their knowledge to the test in practice. Europan 7 presented them with an ideal opportunity of elaborating further their ideas on the adaptation of the post-war housing stock. Most homes from this period are 50 to 60 square meters in size and, according to present-day standards, far too small. New legislation in the field of heating and noise insulation also need to be enforced, requiring a whole range of modifications.

Yet the perception of inhabitants from an international perspective is different. In Spain people are used to this kind of small housing, explain Casanova and Hernández. Having one's own garden is not customary there either. There is no big difference between the apartments currently being built in Spanish cities and the housing from the fifties and sixties. Hernández, "In Spain people make a deliberate choice to live in an urban society. The city is the city: you have neighbours above you, below you, and on both sides and no garden. In Spain social life takes place in large measure in the public spaces. The Spanish manifest their identity not so much with their homes, as in the Netherlands, but more with their clothing and the cafés and restaurants that they visit."

In the Netherlands, however, the need to modify post-war residential districts is more pressing. For Morgenstond-Midden in The Hague, Casanova and Hernández developed an intelligent transformation strategy. As in many other post-war districts not only the housing but the green zones, too, posed a problem. In the fifties and sixties housing blocks were placed free in a landscape of public spaces that now, however, prove to be too large and too monotonous. They fall into disuse and maintenance appears to be a big problem. "You shouldn't underestimate the importance of public space," says Hernández "it has been a salient feature of civilisation since classical antiquity. [...] Public space is important for public perception, for the structure and the appearance of the city." "It is like a public room in the external space," adds Casanova.

Together with their students in Delft, Casanova and Hernández carried out a project to examine the importance people attach to public space, among other things. It emerged that everywhere there is a big demand for a form of collectivity, for public life. For Casanova and Hernández this is an important result. "Anyone now concentrating on housing who fails to pay sufficient attention to the public domain, will shortly face the reverse problem."

The design for Morgenstond-Midden, entitled Urban Morphing, is an intelligent strategy to cope with the complicated problems of the post-war district. This is accomplished by means of three central themes: Urban

Morphing, U.E.T and Hybrid Clusters. Urban Morphing is an open strategy for the gradual change of the district, one that avoids a *tabula rasa* situation. The existing texture of the housing blocks is gradually replaced with building clusters that form new links with the surroundings, in keeping with the city as a constantly transforming phenomenon. The building clusters are composed of U.E.T.s, Urban Extruded Typologies. To this end, Casanova and Hernández developed a set of housing typologies such as a "panorama apartment", "patio penthouse", "70% empty" and "living and working" whereby a linking element – an extrusion – was designed, complete with corner solutions. These U.E.T.s form large structural elements with which a new urban fabric can be constructed.

Connecting and stacking the U.E.T.s, creates an endless series of possibilities for the programming of urban space in Hybrid Clusters. The U.E.T.s form basic elements whereby diverse communities of varying composition can be slotted into the existent system of Morgenstond-Midden. Each cluster is given its own character and a recognisable identity with a matching system of public and collective spaces and parking facilities that are developed simultaneously. Urban Morphing provides a strategy whereby planning need not take place decades in advance. The precise infill and programming of the area are flexible and can be adapted to the requirements and the demands of the inhabitants.

"The Netherlands is a social country," states Casanova. "The fact that residents may take part in the discussion about developments is remarkable and highly inspiring. People often have a clear insight and a distinct opinion. It is then no longer a case of who is right: all contributions from society are valuable."

Tweede prijs
DZ 003
Inside Out

Andrew Dawes GB 1965
Doris Zoller D 1969

Runner-up

Aan Inside Out ligt een grondige reorganisatie van de openbare ruimte ten grondslag. De midden-zone (die samenvalt met het Europan-studiegebied) wordt ingericht als een doorlopend groengebied, waarin als losse objecten de gebouwen staan. De gebouwen worden ontsloten vanaf een semi-openbaar platform. In de aan-grenzende gebieden gebeurt het omgekeerde, waardoor ze juist een besloten karakter krijgen: het groen wordt geprivatiseerd en de entrees van de woningen komen aan de straat te liggen. Omdat de plan-locatie in beide zones ligt, worden beide benaderingen er toegepast. De bebouwing in het middengebied krijgt een open structuur, met een semi-openbaar platform. Voor het andere deel van de planlocatie is een gesloten bouwblok voorzien, met een ontsluiting vanaf de straat.

Inside Out is based on a thorough reorganisation of the public space. The middle zone (that coincides with the Europan study area) is laid out as a continuous green area in which the buildings stand as loose objects. The buildings are accessed from a semi-public platform. In the adjacent areas the reverse takes place, so that they take on a closed character: the green space is privatised and the entrances to the homes are on the street. Because the intervention area lies in both zones, both approaches are applied. The building in the middle area has an open structure, with a semi-public platform. For the other part of the intervention area a closed housing block is anticipated, with access from the street.

Resultaten
Results

Den Haag
The Hague

Tweede prijs
Runner-up

47

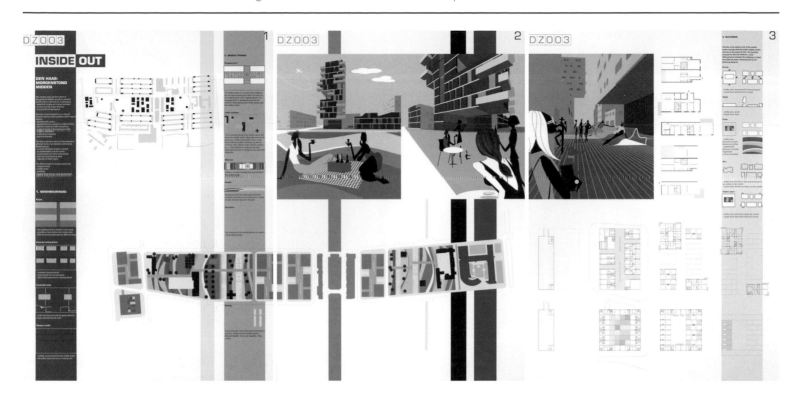

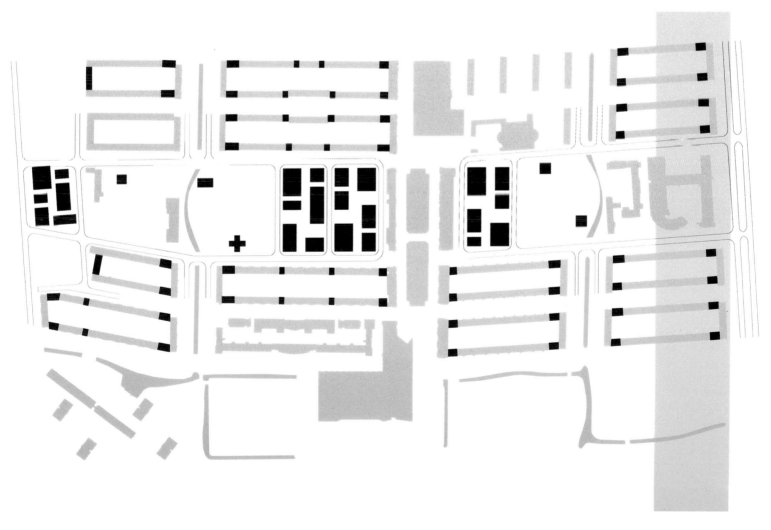

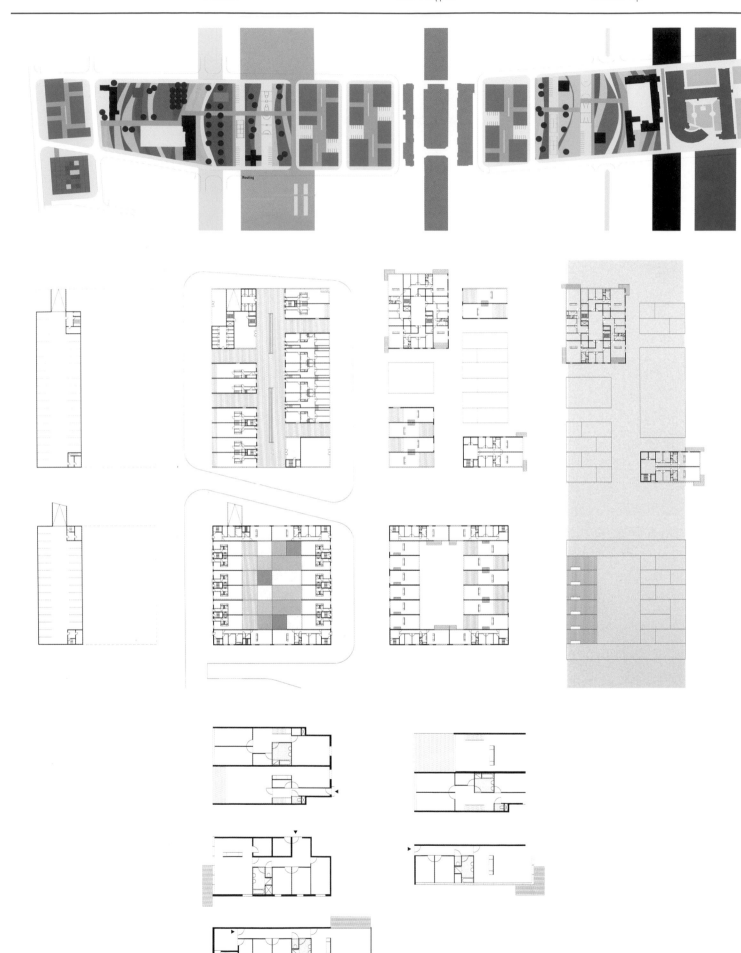

Oordeel van de jury

Jury assessment

Hoewel minder delicaat dan het plan dat de eerste prijs wint, presenteert ook Inside Out een kansrijke strategie met de bestaande structuur als vertrekpunt. De ingreep op basis van een contrast tussen 'open' en 'gesloten' komt goed uit de verf, ook in de woningtypen. De beide bouwblokken op de planlocatie laten een sterke architectonische articulatie zien, met een goed gedoseerde afwisseling van vormen en dimensies. De openbare ruimte ontleent haar kwaliteit niet alleen aan de vormgeving en de inrichting, maar ook aan een adequate programmering. Aan de Dedemsvaartweg, waar aan de overkant de bebouwing van het Woning-bouwfestival al voor genoeg spektakel zorgt, was misschien een neutraler beeld op zijn plaats geweest.

Although less delicate than the winning plan, Inside Out also presents a promising strategy with the existing structure as its point of departure. The intervention on the basis of a contrast between "open" and "closed" lives up to its promise, also in the housing types. Both housing blocks in the intervention area demonstrate a strong architectural articulation, with a well-balanced variety of forms and dimensions. The public space derives its quality not only from the design and layout, but also from effective programming. On Dedemsvaart-weg, where on the opposite side of the street the Woningbouwfestival building generates a sufficiently prominent spectacle, perhaps a more neutral image would be more suitable.

Bijzondere vermelding   Special mention

MH 150 Learning from Morgenstond

Micha de Haas NL 1964

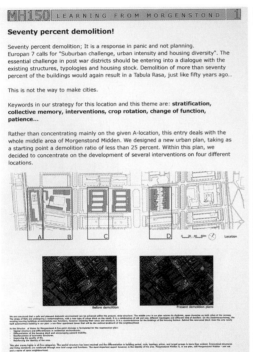

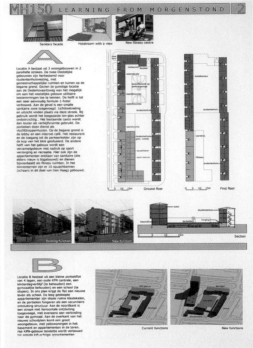

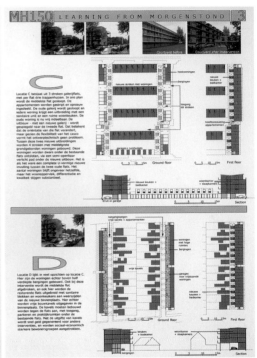

Learning from Morgenstond berust op de gedachte dat naoorlogse wijken de kans moeten krijgen zich, als echte stadswijken, te ontwikkelen voor nieuwe vormen van gebruik. In plaats van het merendeel van de bestaande flats te slopen, worden ze daarom geschikt gemaakt voor andere bestemmingen. Sommige krijgen nieuwe functies, zoals een hotel, een studentencomplex of een recreatievoorziening; andere worden gestript en ingevuld met nieuwe appartementen. De meeste nieuwbouw heeft de vorm van toevoegingen aan de bestaande bebouwing – bijvoorbeeld een zone voor sanitaire voorzieningen. Niet meer dan 25 procent wordt gesloopt, onder andere om plaats te maken voor grondgebonden woningen.

Learning from Morgenstond is based on the notion that post-war districts should be given the opportunity, as true urban districts, of developing for new forms of use. Consequently, instead of demolishing the majority of the existing flats, they are made suitable for other uses. They are sometimes given new functions, such as a hotel, a student block or a recreational facility; others are stripped and filled in with new flats. Most of the new development is in the form of additions to the existing development – for example a zone for sanitary facilities. No more than 25 per cent is demolished to make room for ground-level housing, amongst other things.

Resultaten
Results

Den Haag
The Hague

Bijzondere vermelding
Special mention

51

Oordeel van de jury

Jury assessment

Omdat de openbare ruimte er niet noemenswaardig op vooruitgaat en omdat zich nog geen inspirerende architectuur aftekent, komt Learning from Morgenstond niet in aanmerking voor een prijs. Het goed beargumenteerde pleidooi om niet 70 procent, maar slechts 25 procent van de bestaande bebouwing te slopen, levert echter een waardevolle bijdrage aan de discussie over de toekomst van naoorlogse woongebieden. Het plan laat zien dat met bescheiden maar creatieve ingrepen, die soms gepaard gaan met veranderingen van functie, zulke gebieden meer leven kan worden ingeblazen.

Because the public space is not appreciably improved and because no inspiring architecture stands out, Learning from Morgenstond is not eligible for a prize. The well-substantiated plea to only demolish 25 per cent of the existing buildings instead of 70 per cent, however, makes a valuable contribution to the discussion about the future of post-war residential areas. The plan demonstrates that, with modest yet creative interventions, sometimes linked with changes in function, such areas can be brought back to life.

Hengelo
O kwadraat

Studiegebied 4,5 ha
Plangebied 1 ha
Partijen: gemeente Hengelo en corporatie Woningbeheer Sint Joseph

Vanaf 1900 is de ontwikkeling van de metaal-industrie de belangrijkste oorzaak van de stedelijke expansie van Hengelo. De stad, die in de Tweede Wereldoorlog zwaar is beschadigd, heeft een zeer gevarieerde stedenbouwkundige opbouw en een relatief lage dichtheid.

De functionele invulling van het studiegebied bestaat uit wonen en kantoren. De strategische ligging aan de rand van het centrum maakt de locatie waardevol. Het studiegebied bestrijkt drie deelgebieden, waarvan er een reeds in ontwikkeling is. Bijzonder is dat er een beek door het gebied loopt, die nu onzichtbaar in achtertuinen en overkluisd onder een parkeer-terrein loopt. Deze Drienerbeek is voor de waterhuishouding van Hengelo van grote betekenis.

De planlocatie is gesitueerd aan de rand van een buurt met overwegend villa's uit het begin van de twintigste eeuw. De op de planlocatie aanwezige kantoorgebouwen uit de jaren zeventig, met de bouw waarvan de bestaande stedelijke structuur zwaar werd aangetast, worden gesloopt. Het omringende woonmilieu is groenstedelijk met een relatief hoog grondgebruik. De planlocatie wordt begrensd door de Drienerbeek.

De stedenbouwkundige opgave voor het studie-gebied betreft het verbinden van het villamilieu met het aangrenzende binnenstedelijke gebied. De typologie van kleinschalige villa's en de wens tot verdichting kunnen, volgens de partijen die de locatie beschikbaar stelden, leiden tot een stedenbouwkundige oplossing met diverse woningtypologieën. Het woonklimaat is relatief rustig en van zekere voornaamheid. Naast hoofdfunctie wonen is er ruimte voor klein-schalige maatschappelijke dienstverlening en commerciële activiteiten.

Doelgroepen voor huisvesting op de locatie vormen diegenen die vestiging in een stedelijke omgeving prefereren maar tegelijkertijd zoeken naar rust. De situering van de locatie biedt de mogelijkheid om de lusten en de lasten van het stedelijke leven te combineren. Meer en relatief rijke bewoners bieden een stimulans voor een zekere stedelijkheid. In het programma voor het studiegebied zijn ook zorgfuncties opgenomen zoals ouderenhuisvesting en aangepaste woonvormen.

Het plangebied biedt ruimte voor circa zestig relatief ruime woningen die voorzien dienen te zijn van privé-buitenruimte. Daarnaast moet in collectieve groene buitenruimte worden voorzien. Ook is er ruimte voor bijzondere woonvormen waarin wonen en werken worden gecombineerd.

De partijen die de locatie beschikbaar stelden, de gemeente en de corporatie, gaan ervan uit dat door afstemming van architectuur en stedenbouw op de aanwezige klassieke thema's een langdurige toekomstwaarde voor het gebied wordt gegarandeerd. Daarnaast denkt men dat architectonische details en detaillering van het openbare gebied bepalend zijn voor de beleving van de kwaliteit.

De jury over de locatie
Wat voor Hengelo als geheel geldt, geldt ook voor de Europan-locatie. Omdat de structuren-de elementen niet erg krachtig zijn, is de cohesie gering. De prijsvraaginzendingen laten zien dat de ontwerpers dit niet als een probleem hebben opgevat, maar juist als een kans om het gebied met gerichte ingrepen aantrekkelijker te maken. Daarbij zijn ze geconfronteerd met de inspire-rende spanning tussen enerzijds de drang om orde aan te brengen, en anderzijds het verlan-gen om het gebrek aan orde te koesteren. De winnende plannen laten zien dat er verschillende wegen zijn om in dit spanningsveld tot een balans te komen.

Hengelo
O kwadraat

Study area 4.5 ha
Intervention area 1 ha
Parties: municipality of Hengelo and Woningbeheer Sint Joseph housing corporation

Since 1900 the development of the metal industry has been the main cause of the urban expansion of Hengelo. Hengelo was badly damaged in World War II. It has a highly diverse urban construction and a relatively low density.

The functional infill of the intervention area comprises housing and offices. The strategic location on the edge of the centre makes the site valuable. The study area covers three sub-areas, one of which is already under development. A brook runs through the area, an exceptional feature, although presently out of sight in back gardens and spanned by a parking lot. This Drienerbeek brook is of great importance to the water management of Hengelo.

The intervention area is situated on the edge of a neighbourhood dominated by villas dating from the beginning of the twentieth century. The office buildings in the intervention area date back to the nineteen-seventies, when their construction seriously harmed the existing urban structure. These will be demolished. The surrounding residential environment has green urban areas with a relatively high land use. The intervention area is bordered by Drienerbeek.

The urban assignment for the study area involves the connection of the villa environment with the bordering inner town centre. The typology of small-scale villas and the increase in density requirement can, according to the parties who have made the site available, lead to an urban solution with divers housing typologies. The residential climate is relatively peaceful with a certain distinction. In addition to the main function – housing – there is space for small-scale social services and commercial activities.

The target groups for housing on the site are those people who prefer urban surroundings but who are looking for peace at the same time. The siting of the location offers the opportunity of combining the pros and cons of urban life. More and relatively prosperous residents form a stimulus for a certain type of urbanisation. Accommodation for the elderly and modified forms of housing have been included in the schedule of requirements for the intervention area.

The intervention area offers space for approximately sixty, relatively spacious housing units that should have private external space. In addition, a collective green external zone is also a requirement. There is also space for exceptional forms of housing in which living and working are combined.

The parties who have made the site available, the municipality and the housing corporation, assume that tailoring the architecture and urban design to the classic themes already present, will guarantee the area long-lasting future value. Furthermore, it is thought that the architectural features and structural detailing of the public area will determine the perception of quality.

The jury on the site
What applies to Hengelo as a whole, also applies to the Europan site. Because the structuring elements are not very strong, the cohesion is limited. The competition entries demonstrate that the designers have not seen this as a problem, but as an opportunity to make the area more attractive by means of targeted interventions. In addition, they are confronted with the inspiring tension between the urge to create order on the one hand, and the desire to cherish this lack of order on the other. The winning plans demonstrate that there are different ways of bringing this area of tension into balance.

Eerste prijs　Prize

BM 001
Suburban Metamorphosis

Kurt van Belle　B 1975
Patricia Medina　E 1975

Slingerende gebouwen van drie lagen markeren de overgang van het Hengelose stadscentrum naar de buitenwijken. Door hun afmetingen passen ze zich aan bij de villa's in de omgeving, terwijl ze zich tegelijk van die omgeving onderscheiden. Daarbij geven ze de ringweg rond het centrum een herkenbaar beeld en maken ze het suburbane gebied stedelijker. Aan de binnenzijde omsluiten de gebouwen een domein van groen en water, dat is opgenomen in de structuur van de openbare ruimte. De gebouwen bieden plaats aan een gevarieerd programma van woningen, ateliers, kleine bedrijven en voorzieningen voor onder meer sport en amusement. De verschillende functies zijn zodanig gesitueerd, dat een optimale relatie met de buitenruimte ontstaat. De meeste woningen zijn grote en flexibele lofts en casco's, in een grote variatie aan typen. Ook combinaties met aparte werkruimten zijn mogelijk. 'Patioterrassen' voorzien in de privé-buitenruimte.

Three-floor meandering buildings mark the transition from the town centre of Hengelo to the outlying districts. With their dimensions they assimilate with the villas in the vicinity, while this simultaneously distinguishes them from their surroundings. In addition, they give the ring road a distinctive image and they make the suburban area more urban. On the inner side the buildings enclose a domain of green and water that is incorporated in the structure of the open space. The buildings offer space for a varied programme of homes, studios, small businesses and leisure and sports facilities. The various functions are situated so as to create an optimum relationship with the external space. Most of the housing is large with flexible lofts and shells, in a great variety of types. Combinations with separate workspace are also possible. "Patio terraces" provide for the private external space.

Resultaten
Results

Hengelo
Hengelo

Eerste prijs
Prize

55

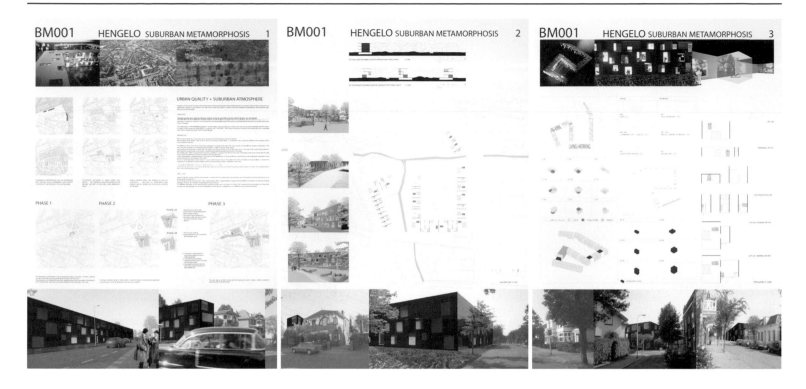

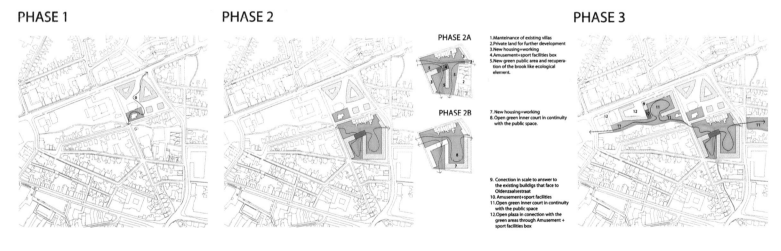

PHASE 1

PHASE 2

PHASE 2A

PHASE 2B

1. Manteinance of existing villas
2. Private land for further development
3. New housing+working
4. Amusement+sport facilities box
5. New green public area and recuperation of the brook like ecological element.

7. New housing+working
8. Open green inner court in continuity with the public space.

9. Conection in scale to answer to the existing buildigs that face to Oldenzaalsestraat
10. Amusement+sport facilities
11. Open green inner court in continuity with the public space
12. Open plaza in conection with the green areas through Amusement + sport facilities box

PHASE 3

An undertaking has already been made to develop the design in the phase 1. The plan comprises new flats for the eldery and the conservation of a villa and an old school.
The proposition is to integrate this plan with the existing area and the new plan for the phases 2 and 3, by leaving the space open to be enjoyed like part of the public space of the area.

The design is flexible enough to make possible to realise the design in several phases, depending on the moment in wich the development land becomes available.

The main idea is to link the area with the existing city and to create a continus network of greenery, water and public space.

SECTION ALONG THE INNER COURT IN CONTINUITY WITH PUBLIC SPACE   S 1/500

0   5   10   25

SECTION TROUGH THE INNER COURTS IN CONTINUITY WITH PUBLIC SPACE   S 1/500

0   5   10   25

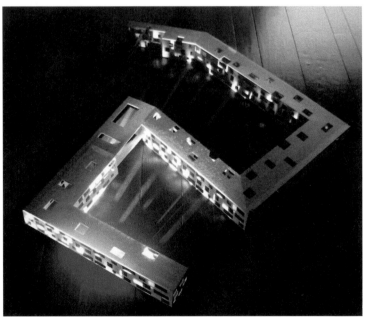

Oordeel van de jury

Jury assessment

Suburban Metamorphosis geeft een mooi en doeltreffend antwoord op de opgave. Door de passende schaal en de haast nonchalante manier waarmee de blokken door het gebied slingeren, voegt het zich ontspannen in zijn omgeving. Tegelijk is het beeld van de nieuwe bebouwing sterk genoeg om het gebied meer structuur te geven. Langs de ringweg heeft het zelfs het karakter van een *landmark*, wat de stad op deze plaats goed kan gebruiken. De lange, relatief autonome gevels zijn eigenlijk schermen met gaten. Achter deze gevels gaat een onvermoede rijkdom schuil van uiteenlopende woningtypen en andere functies.

Suburban Metamorphosis provides an attractive and effective answer to the assignment. Thanks to the appropriate scale and almost nonchalant way in which the blocks meander through the area, it adjusts itself easily to its surroundings. At the same time the image of the new development is strong enough to give the area more structure. Along the ring road it even has the character of a landmark, something that Hengelo can use at this spot. The long, relatively autonomous façades are, in fact, screens with holes. Behind these façades hides an unexpected wealth of divergent housing types and other functions.

'Wij zoeken naar een architectuur met een juiste balans van ruwheid en elegantie, op een intellectuele basis'

Een gesprek met Kurt van Belle

Ton Verstegen De ontwerpers kozen voor Hengelo omdat het zo verschilde van de andere locaties.

Allereerst in schaal. Maar ook omdat er op het eerste gezicht niets aan de hand was. Het had de aantrekkingskracht van het onbekende. Kurt van Belle: 'Alles leek pais en vree, mooie vrijstaande huizen. We gingen er met een gezonde naïviteit naar toe, totdat we er op gingen studeren. Toen kwamen de problemen boven. Hengelo is een stad met duidelijke groeipijnen. Het streven te snel te willen doorgroeien binnen de Twente-regio leidde tot een sprong en een te ambitieuze infrastructurele ingreep. Op de grens van het stadshart en wat buiten gebeurt, is een tussengebied ontstaan. Dit werd de leidraad in het onderzoek. Een tussengebied in ruimte en tijd, een complex ding met verschillende lagen. Je kunt het niet aflezen zoals je in Amsterdam de tijd kunt aflezen aan de afnemende rood-intensiteit op de plankaart. (...)

We hebben het altijd als een geheel gezien. Lang gewerkt in de grote context om het gebied in de vingers te krijgen. In het begin ondervonden we daarvan ook de weerstand: de korrel van de hele plot druiste sterk in tegen de korrel van zijn context: de fijnmazigheid van de villa's in contrast met de plek die we als *tabula rasa* zagen.

We hebben klassieke stedenbouwkundige analyses gemaakt met het onderscheid tussen de ringweg en deze binnenstraatjes. Dat is een eenduidig gegeven waar je wat mee kunt doen. Die villa's suggereren vrijheid-blijheid, maar het is ook een vorm van bedrog: vrijstaande huizen die geen vrijstaande huizen zijn met hun drie meter buitenruimte aan beide kanten.

Wat we proefden bij het lezen van het programma: men wil in Hengelo naar een soort residentiële *coaliteit*, een suburbane context zonder kwaliteitsverlies. Er is gesproken over de kwaliteit van de vrijstaande woning, over eigen identiteit. Maar de stap die we misten, is de kwaliteit van de buitenruimte. Dan zie je al gauw hoe deze hier is versnipperd. Ze laat niet toe om vrij in je tuin te doen wat je wilt.'

Het suburbane model

'Wij wilden een stap verder gaan. Werken in de stedelijke context betekent dat er beperkingen worden gesteld. Dat schept ook houvast. Het levert de tools voor het suburbane model. Hier waren die beperkingen niet duidelijk aanwezig, dus moesten we zelf een kader scheppen. We wilden geen versnipperd maar een collectief binnengebied. Toen ging de bal aan het rollen. Een collectief gebied dat iets doet met de beek die hier een kwaliteit kan worden. We hebben steeds gedacht vanuit het collectieve van de buitenruimte en met allerlei studies geprobeerd daar greep op te krijgen. (...)

Maar misschien is het in het grotere geheel gezien ook een wijkje, dachten we. Dan zijn de kwaliteiten er al. Er was alleen net die knip nodig. We moesten de negatieve aspecten wat bijsturen, eigenlijk gewoon de stoflaag er afhalen en het als een blokkendoos in elkaar passen. Wanneer we de juiste schaal hadden gevonden van buitenruimte paste de waterloop er net in. We hadden in ons achterhoofd steeds meer het linken van die binnenstad, de kerk met zijn context.

Die *routing* kon een *short cut* worden, je komt dan op een gebied dat niet publiek toegankelijk was. Het legt een andere laag over het stratenpatroon, op de schaal van de collectieve ruimte. Gebruik en beleving van een gebied worden meestal gestuurd door de straten. Maar door de verdraaiing van het openbare gebied ontstaat er een ander patroon. Het naar de woning gaan is niet meer het model van straat, tuintje, voordeur. Dit geeft een ander gebruik van de collectieve ruimte. Dat was de sprong van het suburbane richting het urbane; de sublimatie van het suburbane in de stedelijke enveloppe.'

Kurt van Belle praat nu eens behoedzaam en aftastend, dan weer energiek en krachtig zodra de juiste formulering is gevonden. Het gesprek met hem vindt plaats op de fysieke landsgrens van België en Nederland. Kurt van Belle: 'We kijken naar elkaar en zien dat het elders goed is. De Nederlander idealiseert het particuliere model van de Belg. Denk aan Carel Weeber, die het project Het Wilde Wonen promootte naar het Belgische model. Anderzijds – ik citeer het Structuurplan van Vlaanderen – streeft men in België naar de eenduidigheid en zuiverheid van het Nederlandse invulmodel: het grote groene open landschap met zijn leegtes.'

Kurt van Belle vertrok na zijn studie aan de Henry van de Velde Academie in Antwerpen in 1998 naar Nederland. Vijf jaar werkte en woonde hij in Amsterdam, als medewerker van Claus en Kaan Amsterdam. Zo leerde hij teamlid Patricia Medina Prieto kennen, die na haar studie in Sevilla in het kader van een Erasmusproject naar Nederland kwam en daarna drie jaar werkte bij Claus en Kaan Rotterdam. Hij werkte vooral aan grote stedenbouwkundige projecten en woningbouwprojecten zoals IJburg, Hoofddorp en het Zuidwest-kwadrant in Osdorp. Zij werkte mee aan diverse prijsvragen, onder meer aan het prijswinnende project voor een theater in Middelburg. Ze zijn begin van dit jaar tegelijk gestopt. Een sprong in het ongewisse die moet uitmonden in een eigen bureau in Antwerpen. Een zekere thuisloosheid in de overbruggende periode nemen ze voor lief. Eerst werkten ze samen aan de inzending voor Europan, daarna apart. Zij vanuit Bazel voor Herzog & de Meuron. Hij vanuit Brussel op freelance basis voor Christian Kieckens aan een woningbouwproject in het centrum van Antwerpen.

Deelname aan Europan 7 in Nederland met de ambitie te winnen – daar maakt Kurt van Belle geen geheim van – betekent dus geen afscheid van Nederland, het is eerder een *réculer pour mieux sauter*. Kurt van Belle: 'We hebben in Nederland ontzettend veel geleerd en een goede tijd gehad. Maar Antwerpen moet de vaste plek worden, leven en werken in Antwerpen en bouwen in Nederland. De afstanden zijn te verwaarlozen en de cultuurverschillen zijn groot, dat maakt het interessant. We genieten en profiteren van het Bourgondische leven in België en de werkatmosfeer in Nederland, met zijn efficiency, rationaliteit en gedrevenheid.'

Er is nog een element in dit culturele amalgaam dat beide ontwerpers bindt. 'De Nederlandse

"We are searching for an architecture with the right balance between roughness and elegance, on an intellectual basis"

An interview with Kurt van Belle

Ton Verstegen The designers chose Hengelo because it was so different from the other locations. In the first place, in scale. But also because, at first sight, there was nothing wrong with it. It had the lure of the unknown. Kurt van Belle, "Everything seemed to be peaceful and calm, attractive detached houses. We went there with a healthy naiveté, until we started to study it. And then the problems surfaced. Hengelo is a town with evident growing pains. The urge to want to progress too fast within the Twente region led to a leap and an over-ambitious infrastructural inter-vention. On the border of the town centre and outside it, an in-between area has emerged. This became the *leitmotif* in the research. An in-between area in space and time, a complex thing with varying layers. You cannot simply read it, as you can read the period in Amsterdam by the reduced intensity of red areas on the zoning map. [...]

We have always seen it as a whole. Working for a long time in the big context in order to get the feel of the area. In the beginning we also experienced the resistance: the grain of the entire plot went strongly against the grain of its context: the fine-meshed structure of the villas in contrast to the place that we saw as a tabula rasa. We prepared classical urban planning analyses with a distinction between the ring road and these inner streets. That is an unequivocal fact that you can actually utilise. The villas suggest privacy, but it is also a form of deception: detached houses that are not detached houses with their three metres of outside space on each side.

What we felt when reading the programme: people in Hengelo want to move towards a sort of residential coalition, a suburban context without loss of quality. There was talk of the quality of the detached home, of individual identity. But the step we felt was missing is the quality of the outside space. Then you soon see how this is fragmented here. It does not allow you to do freely whatever you like in your garden."

The suburban model
"We wanted to go a step further. Working in the urban context means that there are certain limits. That also creates something to hold on to. It provides the tools for the suburban model. These restrictions were not clearly present here, so we had to create a framework ourselves. We didn't want a fragmented inner area, but a collective one. And that started the ball rolling. A collective area that does something with the brook that can become a special feature here. Our thinking was always from the collective aspect of the outside space, and we tried to grasp onto this with a range of studies. [...]

But perhaps, viewed more from the larger scheme of things, it is also a small district, we thought. Then the qualities are already there. All it needed was for that to click. We needed to adjust the negative aspects, in fact simply to dust it off and put it together as a set of blocks. Once we have found the right scale of open space, the water course just fitted in. We were increasingly starting to think – in the backs of our minds – of linking the town centre, the church, with its context. That routing could become a short-cut and you then arrive at an area without public access. It places a different layer onto the street pattern, onto the scale of the collective space. The usage and experience of an area are usually governed by the streets. But by turning the public area around, a different pattern emerges. Approaching your home is no longer the "street, garden, front door" model. This gives the collective space a new usage. That was the leap from the suburban aspect towards urbanisation – the sublimation of the suburban within the urban envelope."

60   Resultaten
Results   Hengelo
Hengelo   Eerste prijs
Prize

architectuur is conceptmatig en programmatisch georiënteerd. Wij gebruiken ook deze strategie, maar het is geen issue op zich. Het gaat om het vertalen van het programma in een plattegrond met een slimme huid, de gevel. Dat is het Zwitserse element, de huid en het objectmatige. Daar gaat het om de beheersing van de materialen, de controle van het detail.

Deze dualiteit bepaalt ook dit ontwerp. In de beginfase hebben we heel lang gezocht naar de juiste stedenbouwkundige enveloppe. Maar toen de verschijningsvorm vaststond, het gebruik van de collectieve ruimte, de definiëring van de verschillende zones, toen werd het gebouw zó opgelost in zijn plattegrond, zijn doorsneden en zijn gevels. Er is dus een soort frictie. Het gebouw is strikt gebonden aan deze plot met zijn condities, en randvoorwaarden. Maar het is ook een autonoom object. (...)

We hebben het programma goed bestudeerd. Je kunt het aantal woningen er op natellen, het past perfect in het model. Er is een duidelijke zonering aanwezig en die wordt natuurlijk gestuurd door de hogere schaal. En die zonering heeft invloed op de typologieën. De loft – casco als no-nonsens ruimte, niet *gedesigned*, urbaan in context maar ook in gebruik. Het gaat niet zozeer om een programma, maar om ruimtelijke condities van breedte en hoogte. Maar het gebouw is ook een object, in die zin dat het messcherp is. De gedachte was een soort non-design gebouw te maken, een gevel met een iconische waarde. Je moet eigenlijk niet de vraag willen stellen waarom de gevel er uitziet zoals hij is getekend. Het is vanzelfsprekend. Vaak wordt de kwaliteit van een ding bedekt en ingepakt door de vormgeving. De vormgeving vraagt om te veel aandacht.'

Met dit project houden de ontwerpers het Nederlandse ideaal van het particuliere Belgische huis als teken van identiteit nog eens een spiegel voor. Kurt van Belle: 'Het suburbane model in Nederland is geregisseerd en in België niet. Daarom verliest het in Nederland zijn charme, zoals blijkt op de Vinex-locaties. Daaruit groeit die drang naar identiteit. Jouw huis is

groen, het mijne geel. Ons gebouw is ook een sterk geregisseerd ding, althans in de verschijningsvorm. Maar is het een sterk geregisseerd ding in zijn gebruik? Of in het gebruik van de buitenruimten? Daarin zit het verschil. Het is sterk geregisseerd om bepaalde controle te krijgen en het te fixeren in zijn context, maar door het zo te doen genereer je andere vrijheden. We hebben veel aandacht besteed aan de hogere schaal, het collectieve model en in dat opzicht is het heel Nederlands. Naast het ontwerpen van kwalitatieve ruimten hebben we vooral gezocht naar een identiteit voor de stad.'

Regie in de schil
Het objectkarakter van het gebouw vraagt om 'regie in de schil' zoals Kurt van Belle het noemt, en dus om nader onderzoek naar de textuur: 'Ik kan me voorstellen dat er ramen komen die in het vlak liggen en ramen die terugliggen. Misschien maken we ook wel die sprong in één kozijn, zodat je als je voorbijgaat echt de dikte van de gevel kan waarnemen. Maar wat voor raam er ook komt, het is niet vanuit de vormgeving gedacht. Dat raam komt er omdat een glasplaat een bepaalde breedte nodig heeft. Wat

is de ideale raambreedte? Die heeft dan weer zijn profielen nodig om zijn sterkte te bewaren. Ik wil als een soort etymoloog te werk gaan; zoals je woorden verklaart, op zoek gaan naar een verklaring hoe te werken in glas, of in baksteen. Baksteen hang je niet maar stapel je. Als je iets wilt ophangen, neem je een licht plaatmateriaal. Zo willen we ons verdiepen in de karakteristieken van materialen.

Dat is balanceren op de rand van de realiteit en de poëzie. Het vinden van de juiste balans van rationaliteit en de rechtvaardiging voor jezelf wat je doet, je persoonlijke verhaal. Ontwerpen heeft een poëtische en pragmatische kant natuurlijk. Maar als werknemer ben je misschien de schrijver, maar niet degene die de poëzie schrijft. Wij willen graag zelf poëzie schrijven. (...)

We realiseren ons dat voor het vinden van de juiste balans de Nederlandse ervaring onmisbaar is. Het is voor ons niet vreemd meer om overleg te plegen met mensen van de gemeente, met opdrachtgevers, met een externe stedenbouwkundige, een supervisor, en andere partijen. Ik zeg nu ook in België waarom werken we hier niet naar Nederlands model? Waarom

werken we niet in een bouwteam, in bilaterale communicatie? In Nederland heb je de korte communicatie. De Nederlander is directer, maar je weet waar je staat. De Belg maakt een omweg. (...)

Wij kennen niet dat verschil in rolverdeling zoals je soms ziet, van architect en manager. Wij zijn beiden architect. Het wisselt steeds. In onze communicatie hebben we een bepaald systeem van vrijheid ontwikkeld. Het is zelfs interessant andere partijen daarin toe te laten. Het ontwerpen van een plan is iets anders dan het bouwen. Het gaat om een constructief denkproces. En om het besef dat ontwerpen en bouwen onderdeel zijn van de ontwikkeling van een visie. Dat is het belangrijkste.'

Kurt van Belle's conversation is sometimes cautious and tentative, and sometimes more energetic and powerful once the correct formulation has been found. My discussion with him took place on the physical border between Belgium and the Nether lands. Kurt van Belle continued, "We look at each other and see that the grass is always greener on the other side. The Dutch person idealises the private model of the Belgian. Think of Carel Weeber who promoted the "Wilde Wonen" (Deregulated Housing) project based on the Belgian model. On the other hand, - I quote the "Structuurplan" (Structure Plan) of Flanders - people in Belgium are pursuing the unequivocality and clarity of the Dutch application model: the large, green, open landscape with its emptiness."

After completing his studies at the Henry van de Velde Academie in Antwerp, Kurt van Belle moved to the Netherlands in 1998. He lived and worked for five years in Amsterdam as an assistant at Claus en Kaan Amsterdam. This is how he got to know team-member Patricia Medina Prieto, who had come to Amsterdam under the auspices of an Erasmus project, after her studies in Seville, and had then worked for three years with Claus en Kaan Rotterdam. Kurt van Belle worked mainly on large urban development projects and housing projects such as IJburg, Hoofddorp and the Zuidwest-kwadrant in Osdorp. Patricia Medina Prieto collaborated on various competitions, including the winning project for a theatre in Middelburg.

They both stopped at the same time early this year. A leap into the unknown that they hoped would lead to their own office in Antwerp. They took a certain degree of homeless-ness during the bridging period in their stride. First they worked together on the entry for Europan, and then separately. She from Basel for Herzon & de Meuron. He from Brussels, working on a freelance basis for Christian Kieckens on a housing project in the centre of Antwerp.

Participation in Europan 7 in the Netherlands with the ambition of winning - Kurt van Belle makes no secret of this - therefore does not mean a farewell to the Netherlands, but rather a *reculer pour mieux*

sauter. Kurt van Belle, "We learnt a great deal in the Netherlands, and we had a good time. But Antwerp has to be our permanent place, living and working in Antwerp and building in the Netherlands. The distances are negligible and the cultural differences are considerable, that makes it interesting. We enjoy and benefit from the Burgundian life in Belgium and from the working atmosphere in the Netherlands, with its efficiency, rationality and drive."

There is a further element in this cultural amalgam that unites these two designers. "Dutch architecture is conceptually and programmatically orientated. We also use this strategy, but it is not an issue in itself. It is a matter of translating the programme into a plan with a clever outer shell, the façade. That is the Swiss element, the outer shell and the object aspect. It is a question of mastering the materials, controlling the detail.

This duality also defines this design. In the initial phase we spent a long time searching for the right urban envelope. But once the appearance was established - the use of the collective space, the definition of the various zone - the building was instantly resolved into its plan, its cross-sections and its façades. So there is a certain friction. The building is strictly linked to this plot with its conditions and pre-conditions. But it is also an autonomous object. [...]

We studied the programme carefully. You can check the number of housing units against it, it fits perfectly into the model. There is a clear zoning, which is guided naturally by the higher scale. And that zoning influences the typologies. The loft - an empty edifice as a no-nonsense space, not designed, urban in context but also in usage. It is not so much a matter of a programme but of spatial conditions of breadth and height. But the building is also an object in the sense that it is razor-sharp. The idea was to create a sort of non-design building, a façade with an iconic value. You should not, in fact, need to ask why the façade looks like its drawing. It is obvious. The quality of something is often hidden and wrapped up by the design. The design demands too much attention."

With this project, the designers again hold up a mirror to the Dutch

ideal of the private Belgian house as a sign of identity. Kurt van Belle, "The suburban model in the Netherlands is carefully directed; in Belgium it is not. This is why it loses its charm in the Netherlands, as is apparent on the Vinex sites. This is what gives rise to the urge for identity. Your house is green, mine is yellow. Our building is also strongly directed, at least in its appearance. But is it strongly directed in its use? Or in the use of the outside areas? This is where the difference lies. It is strongly directed in order to get a certain control and to fix it into its context, but by doing this you generate other freedoms. We paid considerable attention to the higher scale, the collective model and, in that sense, it is very Dutch. Besides designing qualitative spaces, we were mainly looking for an identity for the town."

Staging the outer shell
The object-like nature of the building requires the "staging of the outer shell", as Kurt van Belle puts it, and therefore requires more research into the texture. "I can imagine that there will be windows that are flush with the surface, and windows that are set back. Perhaps we might even make that leap within a single window frame so that you can observe the thickness of the façade as you pass. But whatever type of window will be used, it is not inspired by the design. That window is there because glass needs a specific width. What is the ideal window width? And this also needs its frame profiles in order to retain its strength. I want to work like a sort of etymologist, to search for an explanation of how to work in glass, or in brick - in the same way as you

explain words. Bricks are not hung, they are stacked. If you want to hang something up, you use a light sheet material. This is how we want to explore the characteristics of materials.

This is balancing on the edge of reality and poetry. Finding the exact balance between rationality and your own justification of what you are doing, your personal story. Design has a poetic and a pragmatic side, of course. But as an employee, perhaps you are the writer but not the one who writes the poetry. We want to write our own poetry. [...]

We realise that, in order to find the right balance, our Dutch experience is invaluable. We are no longer strangers to consulting with people from the municipality, with clients, with the external urban planners, a supervisor, and other parties. I now also ask in Belgium, why are we not working here using the Dutch model? Why are we not working in a construction team, in bilateral communication? In the Netherlands you have concise communication. The Dutch are more direct, but you know exactly where you stand! The Belgians are much less direct. [...]

We do not have that distinction in roles that you sometimes see between the architect and the manager. We are both architects. It changes constantly. In our communication we have developed a certain system of freedom. It is even interesting to allow other parties to enter into this. Designing a plan is different from building. It involves a constructive thought process. And it involves the realisation that designing and building are both part of developing a vision. That is the most important."

62 Resultaten
Results

Hengelo
Hengelo

Tweede prijs
Runner-up

Tweede prijs Runner-up

NL 074
Celestial Green

Marcel Lok NL 1970

De fijnkorrelige bebouwing van Hengelo is aanleiding voor een plan van relatief kleine blokken die worden omgeven door een openbare ruimte die tegelijk park en tuin is. De daken zijn toegankelijk, met zowel een openbaar deel als een deel dat is bestemd voor privédaktuinen. In elk blok worden uiteenlopende woningtypen samengebracht, waarvan de indeling zonder veel moeite kan worden aangepast aan de wensen van de bewoners. Door de grote ramen, het uitzicht in verschillende richtingen en – in de meeste gevallen – een eigen entree op de begane grond, zijn de woningen sterk op de omgeving georiënteerd.

The fine-grained development of Hengelo is the reason for a plan with relatively small blocks that are surrounded by an open space that is simultaneously a park and a garden. The roofs are accessible, with both a public area and an area for private roof gardens. In each block different housing types are brought together, the layout of which can be adjusted easily to the requirements of the inhabitants. With the large windows, the views in various directions and – in most cases – a private entrance on the ground floor, the housing has a strong orientation towards its surroundings.

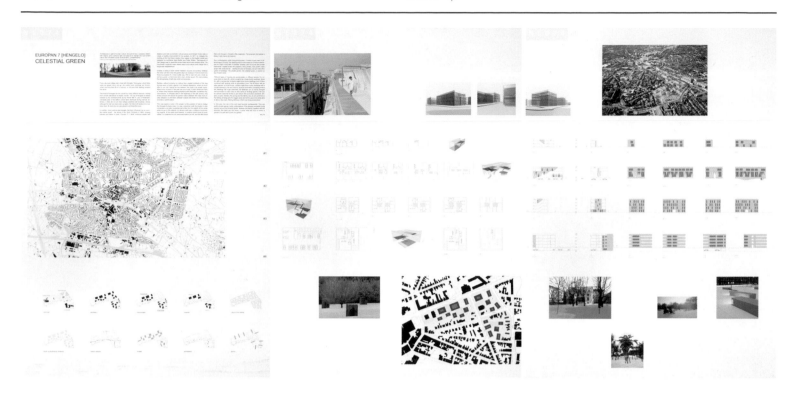

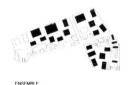

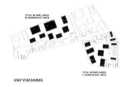

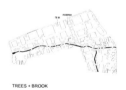

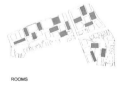

EXISTENT

ENSEMBLE

PROGRAMME

PARKING

COLLECTIVE GREEN

ROOF LEVEL/PRIVATE TERRACE

TREES + BROOK

ROOMS

HYPHENATE

DEPTH

64   Resultaten
Results

Hengelo
Hengelo

Tweede prijs
Runner-up

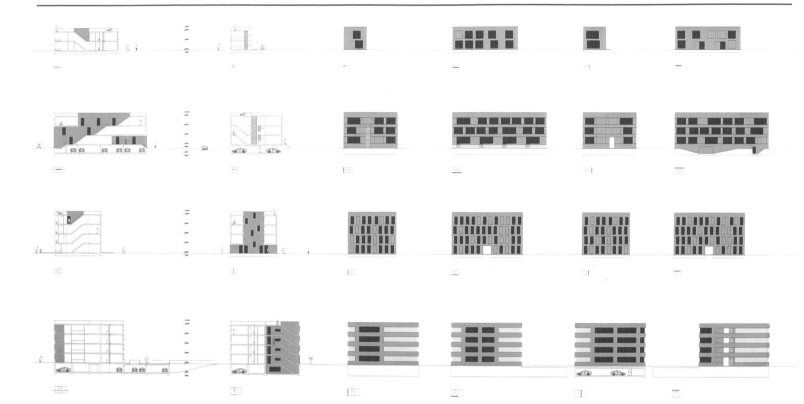

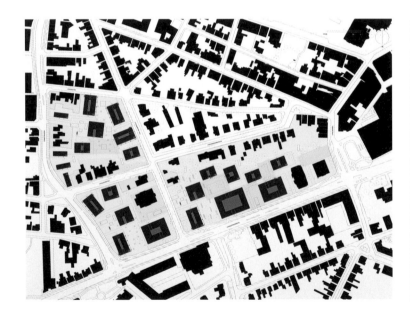

Oordeel van de jury

Jury assessment

De benadering waarbij de locatie als een park of tuin wordt gezien, resulteert in een intrigerende compositie van objectachtige gebouwen. Het is alsof de ontwerpers met een ontregelend spel van dimensies en afstanden de ambiguïteit van de Hengelose stedelijkheid tot uitdrukking hebben willen brengen. Het resultaat kan worden gezien als objecten in de ruimte, maar evengoed als ruimte tussen objecten. Wel is de soms geringe afstand tussen de volumes een punt van zorg. De daktuinen, waaraan het plan zijn naam Celestial Green ontleent, zorgen ervoor dat het hele maaiveld de bestemming van een openbare tuin kan krijgen; daarin komt de beek overigens onvoldoende tot zijn recht.

The approach whereby the site is seen as a park or garden, results in an intriguing composition of object-like buildings. It is as if the designers have wanted to express the ambiguity of the urban environment of Hengelo with the unsettling game of dimensions and distances. The result can be seen as objects within the space, but equally so as space between objects. The sometimes small distance between the volumes is a point of concern. The garden roofs, from which the name Celestial Green is derived, ensures that the entire ground level can be used as a public garden; although insufficient justice is given to the brook.

66   **Resultaten**
Results   **Hengelo**
Hengelo   **Tweede prijs**
Runner-up

Tweede prijs   Runner-up

BO 010
Mapping Hengelo

Sechmet Bötger NL 1971

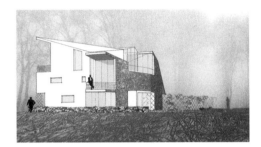

Omdat de bebouwing er niet is onderworpen aan dwingende regels over bijvoorbeeld rooilijnen, dakrichtingen en de overgang van het openbare naar het private domein, kan het gebied worden gekenmerkt als suburbaan. Om die reden is gekozen voor een bottom-up strategie. Dat wil zeggen dat de ordening niet berust op een structuur die van boven wordt opgelegd; in plaats daarvan ontvouwt ze zich geleidelijk aan de hand van het zorgvuldig lezen van de bijzonderheden van de locatie en haar omgeving. Zo kwam onder meer de betekenis aan het licht van veel verschillende vrijstaande volumes (de villa's), met de tussenliggende groene ruimte als verbindend element. Samen met het programma zijn de uitkomsten van deze studie de basis voor een filter dat richting geeft aan het ontwerp. Een van de elementen van dit filter is de inzet van de dakarchitectuur (roofscape) om zowel de eenheid van het geheel als de individualiteit van de afzonderlijke volumes tot uitdrukking te laten komen.

Because the building is not subject to compulsory regulations such as building alignments, roof directions and the transition from the public to the private domain, the area can be characterised as suburban. This is the reason behind the bottom-up strategy. In other words, the planning is not based on a structure imposed from above; instead it unfolds gradually on the basis of the careful reading of the particular nature of the site and its surroundings. In this way the significance of the many different detached volumes (the villas) come to light, with the intervening green space as a linking element. Together with the programme, the results of this study forms the basis for a filter that gives direction to the design. One of the elements of this filter is the incorporation of "roofscaping" to give expression to both the uniformity of the entity and the individuality of the separate volumes.

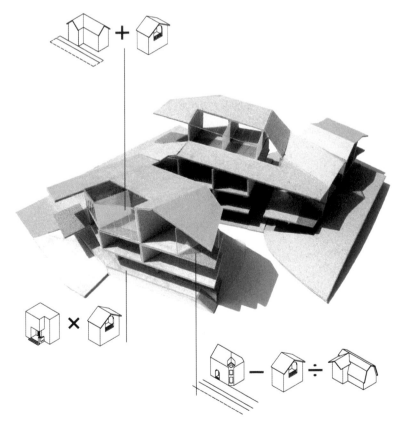

Resultaten
Results

Hengelo
Hengelo

Tweede prijs
Runner-up

67

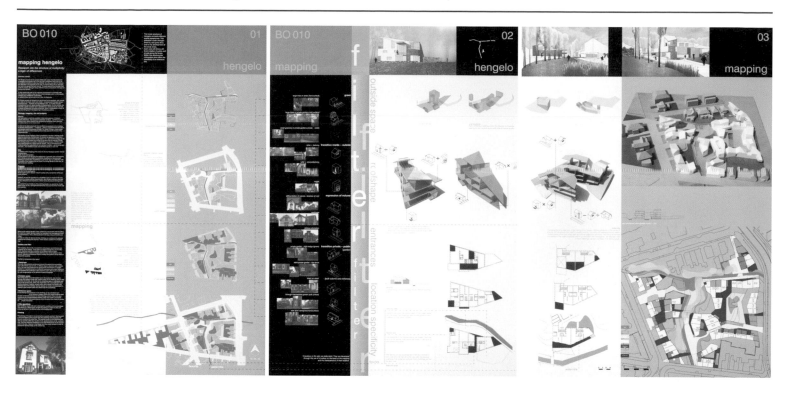

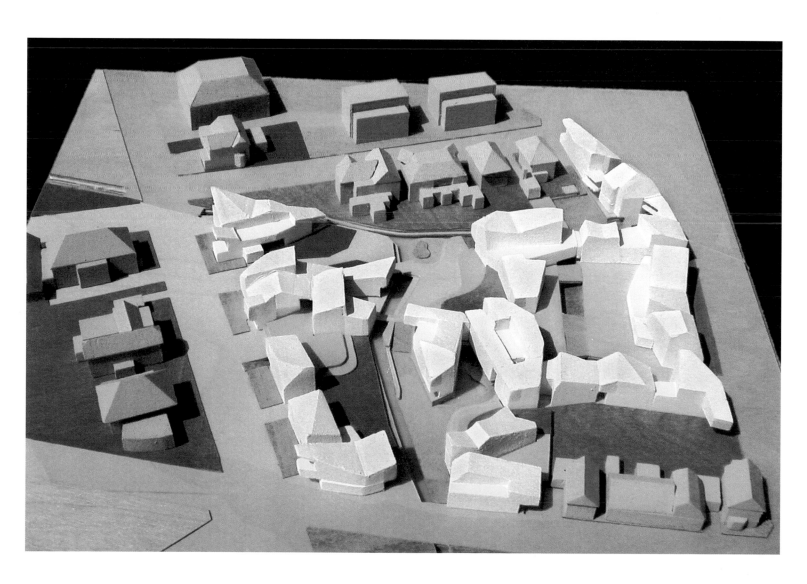

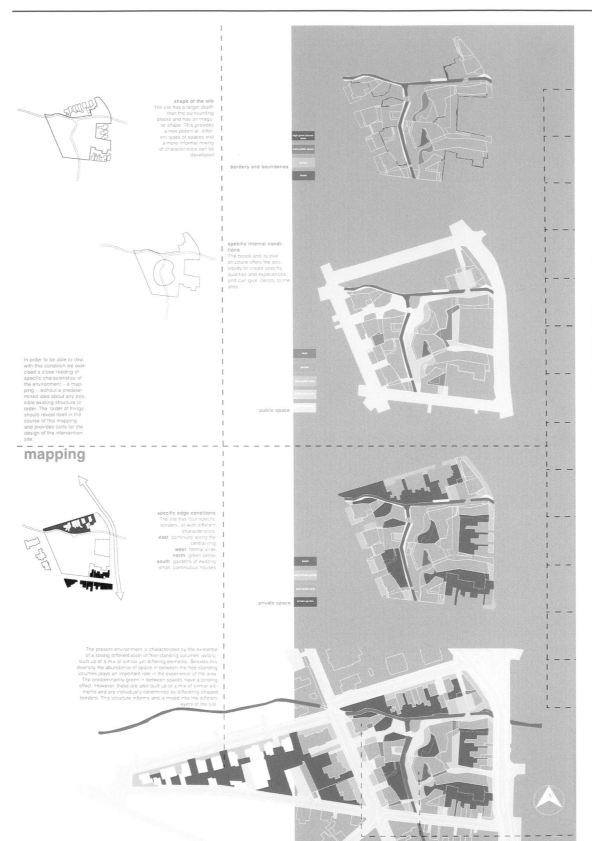

shape of the site
The site has a larger depth than the surrounding blocks and has an irregular shape. This provides a new potential: different types of spaces and a more informal mixing of characteristics can be developed

borders and bounderies

specific internal conditions
The brook and its tree structure offers the possibility to create specific qualities and experiences, and can give identity to the area.

public space

In order to be able to deal with this condition we exercised a close reading of specific characteristics of the environment – a mapping –, without a predetermined idea about any possible existing structure or order. The 'order of things' should reveal itself in the course of this mapping and provides tools for the design of the intervention site.

mapping

specific edge conditions
The site has four specific borders, all with different characteristics.
east continuity along the central ring
west formal villas
north green brook
south gardens of existing small, continuous houses

private space

The present environment is characterized by the existence of a strong differentiation of free-standing volumes (villas), built up of a mix of similar yet differing elements. Besides this diversity the abundance of space in between the free-standing volumes plays an important role in the experience of the area. The predominantly green in between spaces have a binding effect. However these are also built up of a mix of similar elements and are individually determined by differently shaped borders. This structure informs and is mixed into the different layers of the site.

flexvilla   watervilla

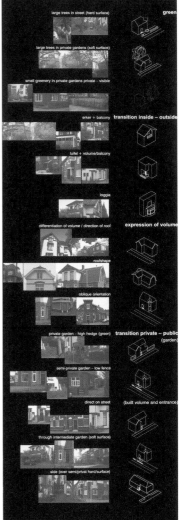

large trees in street (hard surface)   green

large trees in private gardens (soft surface)

small greenery in private gardens privale – visible

erker + balcony   transition inside – outside

luifel + volume/balcony

loggia

differentiation of volume / direction of roof   expression of volume

roofshape

oblique orientation

private garden – high hedge (green)   transition private – public
                                           (garden)

semi-private garden – low fence

direct on street   (built volume and entrance)

through intermediate garden (soft surface)

side (over semi/privat hard/surface)

Oordeel van de jury

Jury assessment

Een grondige en overtuigende analyse van de locatie is de basis voor een plan dat subtiel en weloverwogen bezit neemt van de locatie. Door meerdere woningen op te nemen in volumes waarvan de dimensies aan de villa's in de omgeving refereren, wordt een aardig soort verwarring in schaal opgeroepen.
Over de architectuur is de jury onzeker. De maquettes wekken de nodige verwachtingen, maar die gaan voor een deel weer verloren in de beeldimpressies op de planpresentatie. De kwaliteit van het gebouwde resultaat zal dan ook sterk afhangen van het vermogen om de charme van het eerste idee, zoals dat tot uitdrukking komt in de maquettes, ook in de latere materialisatie overeind te houden.

A thorough and convincing analysis of the site forms the basis for a plan that takes subtle and well-considered possession of the site. The inclusion of several housing types, in volumes with dimensions that refer to the neighbouring villas, evokes a charming sort of confusion in scale. The jury is uncertain about the architecture. The scale models arouse the necessary expectations, but these are partially lost in the visual impressions on the plan presentation. The quality of the built result will depend heavily on the power of the charm of the original idea as expressed in the scale models, and on adhering to it in the later materialisation.

70

Resultaten
Results

Hengelo
Hengelo

Bijzondere vermelding
Special mention

Bijzondere vermelding

Special mention

XX 015 Re X View

Pepijn Nolet NL 1972
Rob Meurders NL 1972
Karel van Eijken NL 1967

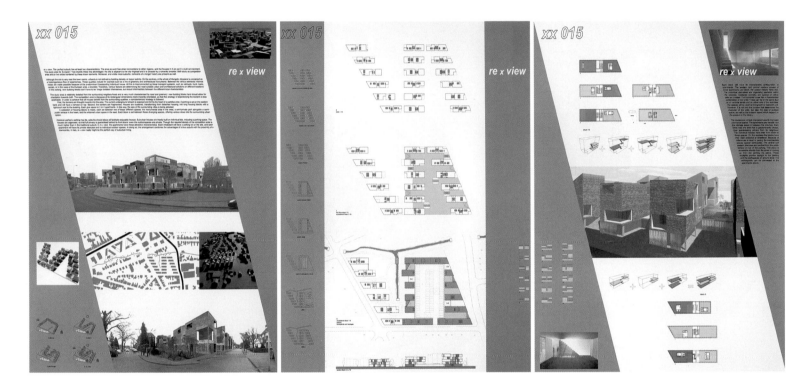

Bebouwing op deze plaats moet niet de aandacht voor zich opeisen, maar veeleer bemiddelen tussen de verschillende verschijnings-vormen van het aangrenzend gebied – monumentaal in het westen, opener in het oosten – en een semi-openbaar park en een semi-openbaar terras op de locatie zelf. De blokjes hebben de maat van de villa's in de omgeving en bevatten elk drie of vier woningen. Door privé-parkeerplaatsen, een eigen opgang en een privé-buiten-ruimte, beschikken de woningen over 'suburbane' kwaliteiten.

Building on this spot should not monopolise the attention but should rather mediate between the various manifestations of the adjacent area – monumental in the west, more open in the east – and a semi-public park and semi-public terrace on the site itself. The small blocks are the size of the neighbouring villas, each comprising three to four housing units. With the private parking spaces, separate access and a private exterior space, this housing has "suburban" qualities.

Oordeel van de jury

Jury assessment

Doorgaans gaan eervolle vermeldingen naar plannen die om welke reden dan ook op de locatie niet realiseerbaar worden geacht, maar die kwaliteiten hebben die het waard zijn om onder de aandacht te worden gebracht. In Re X View is het omgekeerde het geval. Door de even heldere als eenvoudige opzet, de knappe integratie van het platform en de mooie manier waarop de beek tevoorschijn wordt gehaald, hoeft aan de realiseerbaarheid van dit bescheiden plan niet te worden getwijfeld. Maar zijn bescheidenheid is meteen zijn zwakte; de jury acht in Hengelo een meer ambitieuze ingreep op zijn plaats.

Honourable mentions are usually awarded to plans that are not considered buildable on the site for whatever reason, but which have qualities that are worth drawing attention to. In Re X View the reverse is the case. Because of the both clear and simple design plan, the intelligent integration of the platform and the attractive way in which the brook emerges, the feasibility of this plan is not in doubt. But its modesty is also its weakness; the jury feels a more ambitious intervention is needed in Hengelo.

Rotterdam
Zuidwijk

Studiegebied 17 ha
Plangebied 3 ha
Partijen: gemeente Rotterdam + corporatie Vestia Rotterdam Zuid

Het imago van Rotterdam ten noorden van de Maas is altijd beter geweest dan dat van Rotterdam-Zuid, dat van origine de plaats in de stad is waar mensen van buiten zich vestigden. Het naoorlogse gebied Zuidwijk is gesitueerd in Rotterdam-Zuid en ligt nog steeds aan de rand van de stad. De wijk is ontworpen en gebouwd in de jaren vijftig en zestig volgens de toen geldende ideeën over de 'wijkgedachte'. Volgens die theorie dienen wijken in hoge mate selfsupporting te zijn, met een eigen winkelbestand voor dagelijkse boodschappen en een sterke sociale structuur, die onder andere werd vormgegeven door kerken en ontmoetingsgebouwen. Zuidwijk is met het centrum van Rotterdam verbonden door een kwalitatief goede metrolijn. De ligging aan de rand van de stad maakt het gebied ook vanuit de regio goed bereikbaar met de auto. De stedenbouwkundige structuur van de wijk is helder en sterk, met name het vele groen wordt gewaardeerd.

De woningvoorraad bestaat voornamelijk uit sociale huurwoningen, zowel flats als eengezinswoningen, en voldoet niet aan de eisen van deze tijd – evenmin als de beschikbare voorzieningen. Een deel van deze woningen wordt gesloopt en wordt vervangen door koopwoningen.

De sociale structuur in de wijk met voornamelijk huishoudens met lage inkomens is niet sterk en zou kunnen worden verbeterd door huishoudens met de midden- en hogere inkomens naar Zuidwijk te lokken door middel van de koopwoningen in de duurdere segmenten. In de reeds lopende herstructureringsoperatie worden ook winkelvoorzieningen, dienstverlening en voorzieningen voor kinderen verbeterd. Voor de herstructurering van de wijk is het van belang de gewaardeerde bestaande kwaliteiten te versterken. Het groene tuinstadkarakter zal daarom – in een moderne versie – drager moeten zijn van de vernieuwing.

De opgave waarvoor de deelnemers zijn geplaatst, bestaat uit een visie op de zuidzijde van het gebied, waar de bebouwing overgaat in het platteland en waar de nu nog aanwezige spoorlijn voor goederen van en naar de haven zal verdwijnen. De planlocatie, waarvoor een uitgewerkt architectonisch plan wordt gevraagd, is gesitueerd nabij een verpleeg- en verzorgingstehuis. Het plan dient woningen voor ouderen en winkels te bevatten. Interessant is de spanning tussen het wonen in de grote stad en de landelijke sfeer van Zuidwijk. De corporatie en de deelgemeente in Zuidwijk wensen dat de wijk na de herstructurering zowel fysiek als sociaal duurzaam zal zijn.

De opgave werd door vele betrokkenen als 'interessant maar lastig' ervaren, ondanks het feit dat ze in feite vrij gewoon en traditioneel is. Niettemin vormen de veranderende situatie na de verplaatsing van de havenspoorlijn en de kleine planlocatie complicerende factoren.

De jury over de locatie
Net als in Amsterdam en Den Haag heeft de opgave in Rotterdam betrekking op de herstructurering van een naoorlogs woongebied. Een bijzonder element is de vraag aan de deelnemers om ook een uitspraak te doen over de overgang van de bebouwde stad naar het groene buitengebied, dat na het verleggen van de havenspoorlijn rechtstreeks toegankelijk zal zijn. Die opgave geldt vooral voor het studiegebied; op de eigenlijke planlocatie is deze overgang niet erg manifest. Het gevolg is dat veel plannen zich concentreren op de planlocatie en het studiegebied goeddeels negeren. Ook het omgekeerde komt voor. Blijkbaar is het lastig om beide componenten van de opgave te integreren. Het gemiddelde niveau van de inzendingen voor Rotterdam stelt enigszins teleur, wat blijkt uit het feit dat de jury geen tweede prijs heeft toegekend. Daar staat een onomstreden eersteprijswinnaar tegenover, en een eervolle vermelding die veel indruk maakt, ook al verhindert een essentiële tekortkoming dat dit plan een prijs krijgt.

Rotterdam
Zuidwijk

Study area 17 ha
Intervention area 3 ha
Parties: municipality of Rotterdam + Vestia Rotterdam-Zuid housing corporation

The image of Rotterdam located north of the River Maas has always been better than that of Rotterdam-Zuid, originally the place where "outsiders" settled. The post-war area of Zuidwijk is situated in Rotterdam-Zuid and it still lies on the outskirts of the city. The district was designed and built in the fifties and sixties based on the concept of "neighbourhood thinking" that prevailed at the time. According to that theory neighbourhoods should be self-supporting, with their own retail property stock for daily shopping and a strong social structure, formed in part by churches and community centres. Zuidwijk is connected to the centre of Rotterdam by a good-quality metro line. The location on the outskirts of the city also make the area easy to reach from the region by car. The urban structure of the district is clear and strong, the green zones are particularly appreciated.

The housing stock comprises mainly social housing, both flats and single-family homes, and does not meet today's requirements – nor do the available facilities. Some of this housing will be demolished and some will be replaced by owner-occupied housing.

The social structure in the district with predominantly households with low incomes is not strong and it could be improved by enticing households with average and higher incomes to Zuidwijk by means of owner-occupied housing in the more expensive segments. In the restructuring operation currently under way shopping facilities, services and facilities for children are also being improved. For the restructuring of the district it is important to consolidate the existing qualities that are appreciated. Consequently, the green suburban character – in a modern version – should form the basic element of the regeneration.

The assignment facing the participants comprises a vision of the southern side of the area where the built-up area changes into a rural setting and where the present railwaytrack for goods to and from the harbour will disappear. The intervention area, for which an elaborated architectural plan is required, is situated close to a nursing home and a residential care home. The plan should comprise housing for the elderly and shops. The tension between living in the big city and the rural atmosphere of Zuidwijk is interesting. The corporation and the sub-municipality in Zuidwijk want the district to be both physically and socially sustainable following reconstruction.

The assignment was seen by many of those involved as "interesting but difficult", despite the fact that it is relatively ordinary and traditional. Be that as it may, the altered situation after the harbour railwaytrack is removed, and the small intervention area, form complicating factors.

The jury on the site
Just as in Amsterdam and The Hague, the assignment in Rotterdam concerns the restructuring of a post-war residential area. One exceptional element is the request that the participants also make a pronouncement about the transition from the built-up city to the green outlying area that will become directly accessible once the harbour railwaytrack is rerouted. The assignment applies mainly to the study area; the transition is not very manifest in the actual intervention area. The result is that many of the plans concentrate on the intervention area and largely neglect the study area. The reverse also occurs. Apparently, it is difficult to integrate both components of the assignment. The average level of the entries for Rotterdam is somewhat disappointing, as emerges from the fact that the jury has not awarded a runner-up prize. On the other hand the prizewinner is undisputed, and there is also a very impressive special mention, although hampered by an essential shortcoming in that it failed to win a prize.

Eerste prijs

RZ 003
Nieuw Peil

Ilse Castermans   NL 1972
Patrick Meijers   NL 1971

Prize

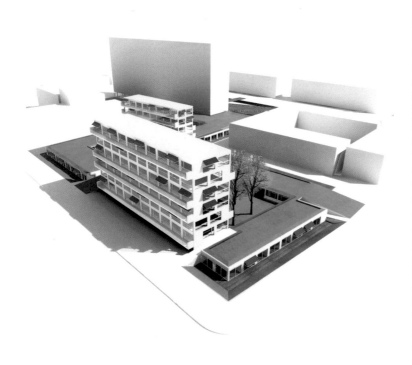

Het basisconcept van Nieuw Peil is geënt op de oorspronkelijke opbouw van Zuidwijk: een halfopen structuur van grondgebonden en gestapelde woningen rond een semi-openbare binnenhof. Alleen is de bebouwing in dit geval een halve verdieping omlaag gebracht, zodat de met gras bedekte daken van de laagbouw een groen landschap vormen. De grondgebonden woningen worden ontsloten vanuit de binnenhoven. Aan de straatzijde worden taluds aangelegd, waardoor een tussenruimte ontstaat voor privé-tuinen. Uitvoering van het plan zal ertoe leiden dat het groene karakter van de noord-zuid-verbinding tussen het Zuiderpark en het nieuwe randpark wordt versterkt. Voor de locaties op de andere twee noord-zuidverbindingen worden vergelijkbare ingrepen voorgesteld, zij het met een schaalniveau dat is afgestemd op de plaatselijke situatie.

The basic concept of Nieuw Peil is grafted onto the original structure of Zuidwijk: a half-open structure of ground-level and stacked housing around a semi-public courtyard. Only the buildings in this instance have been lowered by half a floor so that the roofs of the low-rise buildings, covered with grass, form a green landscape. The ground-level housing is reached by an inner courtyard. Slopes are laid out on the street side, thus creating interspaces for private gardens. Development of the plan will lead to the reinforcement of the green character of the north-south connection between the Zuiderpark and the new peripheral park. Similar interventions are proposed for the sites on the other two north-south connections, on a scale that is adjusted to the local situation.

Resultaten
Results

Rotterdam
Rotterdam

Eerste prijs
Prize

75

76   Resultaten
Results   Rotterdam
Rotterdam   Eerste prijs
Prize

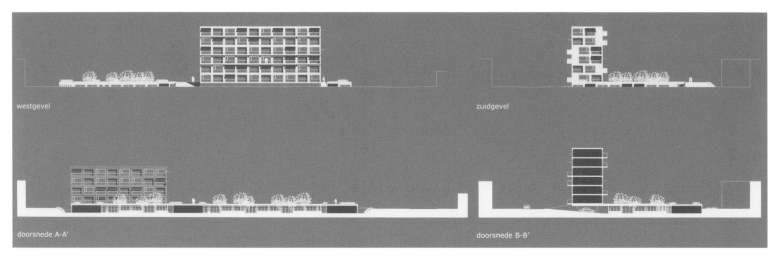

westgevel

zuidgevel

doorsnede A-A'

doorsnede B-B'

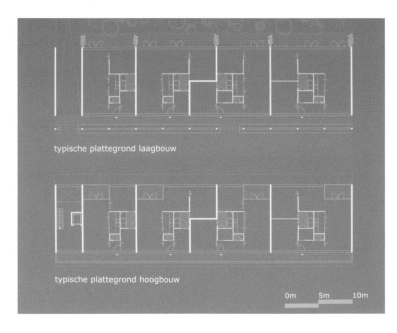

typische plattegrond laagbouw

typische plattegrond hoogbouw

0m   5m   10m

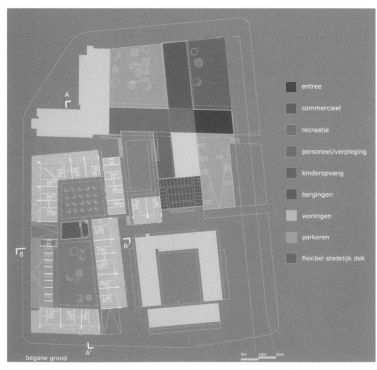

entree

commercieel

recreatie

personeel/verpleging

kinderopvang

bergingen

woningen

parkeren

flexibel stedelijk dek

begane grond

0m   10m   20m

Oordeel van de jury

Jury assessment

Zo ongeveer alles van Nieuw Peil verraadt het vakmanschap van de ontwerpers. De bouwvolumes zijn precies goed gesitueerd, het ontwerp is met grote zorgvuldigheid toegesneden op de opgave en de locatie, en bovenal: de architectuur is volgens veel juryleden van een ongekende kracht. Het plan is een hommage aan de hoogtepunten van de moderne architectuur. En dan niet eens zozeer de moderne architectuur van de obligate jaren twintig en dertig, maar eerder die van de ondergewaardeerde jaren vijftig. Tegelijk heeft het ontwerp zo veel eigentijdse kenmerken, dat het weliswaar enigszins historiserend is, maar geenszins anachronistisch. Ook de strategie voor het studiegebied heeft overtuigingskracht: door elders vergelijkbare ingrepen te plegen, worden op drie welgekozen plekken verbindingen tot stand gebracht tussen de stad en het toekomstige randpark in het zuiden.

Almost everything about Nieuw Peil betrays the craftsmanship of the designers. The cubic contents are perfectly situated, the design is meticulously crafted to the assignment and the site, and, moreover, according to many members of the jury, the architecture is of an unprecedented strength. The plan is a homage to the highpoints in modern architecture. And then not so much the modern architecture of the obligatory twenties and thirties, but more the under-appreciated fifties. At the same time the design has so many contemporary characteristics, which, it is true, are somewhat historically emulative, but in no sense anachronistic. The strategy for the study area is also convincing: by making comparable interventions elsewhere, at three well-selected locations connections are created between the city and the planned peripheral park in the south.

Herinterpretatie van de wijkgedachte

Een gesprek met Ilse Castermans en Patrick Meijers, winnaars in Rotterdam

Ben Maandag Zelfs op een druilerige zondagochtend dringt het clichébeeld van 'Rotterdam werkstad' zich genadeloos op. Het gegrom en gebulder van de noeste werktuigen waarmee in fel gekleurde hesjes gestoken wegwerkers het straatprofiel te lijf gaan, dreunt zonder moeite door de dubbele beglazing van een sober ingerichte vergaderkamer in Puntegale, het tot woningen en werkruimten omgebouwde vroegere belastingkantoor aan de opgebroken Puntegaalstraat.

In deze kamer, met uitzicht op de werkzaamheden die buiten gestaag doorgaan, is het nog jonge architectenbureau Cimka gevestigd, vijf letters waarachter de namen van Ilse Castermans en Patrick Meijers schuilgaan. Zij zijn geen onbekenden voor Europan. In 2000 behoorden ze al tot de winnaars van de zesde editie van de internationale ontwerpwedstrijd. Samen met Peter Knaven maakten ze een ontwerp voor Hoogvliet, waar toen net de grootscheepse vernieuwingsoperatie in gang was gezet die als WiMBY! (Welcome into My Backyard) bekend zou worden. Het drietal ontwikkelde

een visie voor het toenmalige plangebied aan de noordkant van Hoogvliet: een bufferzone tussen de uiterste bebouwing van de naoorlogse nieuwbouwwijk en rijksweg A15, die Hoogvliet scheidt van de zware petrochemische industrie. Hun oplossing om dit gebied een nuttige functie te geven, bestond uit een plan voor een meanderend lint van woon-werkwoningen. De jury was enthousiast en kenschetste het ontwerp als 'terughoudend en liefdevol'. Het winnen van Europan 6 had voor de jonge architecten veel implicaties. De drie leerden elkaar indertijd kennen tijdens hun studie Bouwkunde in Eindhoven, aan de Technische Universiteit. Samen namen ze al eerder aan prijsvragen deel, zoals die in Katwijk, uitgeschreven door het Leidse architectuurcentrum RAP. Ze wonnen.

In *winning mood* besloten ze ook aan Europan mee te doen en ontwikkelden hun plan voor Hoogvliet. Dat ze ook hier als winnaars uit de bus kwamen, had gevolgen voor hun werkwijze. Tot dan toe waren ze bij verschillende bureaus in dienst geweest. Ilse Castermans

werkte bijvoorbeeld voor Jeroen Schipper en bij Erick van Egeraat associated architects. Patrick Meijers had zich gespecialiseerd in het maken van animaties en visualisaties op architectuurgebied.

Europan deed hen op een tweesprong belanden: ofwel gezamenlijk een nieuw bureau beginnen, ofwel elk apart bij verschillende bureaus blijven werken en nu en dan iets samen doen. 'Zo'n punt komt toch een keer', zeggen ze nu, achteraf. 'Je staat voor de keuze: of kiezen voor een eigen bureau, of op de oude voet verdergaan. In de praktijk gaat dat met twee dingen tegelijk bezig zijn niet goed samen. Dus hebben we de knoop doorgehakt.'

Bij het brainstormen over de naam voor het nieuwe bureau werden de verschillende combinaties van de beginletters van de drie achternamen uitgeprobeerd. Toen iemand 'Cimka' riep, brak het enthousiasme door. Alle beginletters zaten erin. Bovendien lag het woord lekker in het gehoor en riep het herinneringen op aan het Franse automerk Simca, dat in de jaren zestig eenvoudige maar populaire gezinsauto's vervaardigde.

Ilse Castermans en Patrick Meijers vestigden het bureau in Rotterdam, waar ze in 1998 naartoe waren verhuisd. Peter Knaven zou vanuit Amsterdam heen en weer reizen. Maar de tijd en energie die hij alleen al in het bereiken van het bureau moest steken, bleken een steeds grotere belasting. Ilse Castermans en Patrick Meijers gingen alleen verder. Hun doelstelling: architectuur maken die een goede balans weet te vinden tussen pragmatisme en conceptualiteit.

'Er moet iets staan dat aan alle kanten klopt', zeggen ze. Architecten of bureaus die hun als helden en voorbeelden voor ogen staan, hebben ze niet. 'Natuurlijk nemen we wel eens iets van iemand over, dat doet elke architect. Maar echte voorbeelden hebben we niet, althans niet bewust. Veel vrienden om ons heen zijn ook voor zichzelf begonnen. Daar kijk je dan wel naar, hoe zij het doen. Daar leer je ook van. Maar we doen niet zo aan helden. We gebruiken bij het maken van onze plannen ook nooit referenties. Het plan moet voor zich spreken.'

Re-interpretation of neighbourhood thinking

An interview with Ilse Castermans and Patrick Meijers, prizewinners in Rotterdam

Ben Maandag Even on an overcast Sunday morning the cliché image of "Rotterdam – working city" intrudes relentlessly into our consciousness. The rumbling and roaring of the unremitting machinery with which the road workers, in their brightly-coloured hazard jackets, attack a section of the road penetrates effortlessly through the double glazing of a soberly-furnished meeting room in Puntegale, the former inland revenue building – now converted into homes and work units, on broken-up Puntegaalstraat.

This room, with its view of the steadily continuing road-works outside, is the office of the still-young Cimka architects' bureau, five letters behind which hide the names of Ilse Castermans and Patrick Meijers. They are no newcomers to Europan. In 2000 they were already among the winners of the sixth round of the international design competition. Together with Peter Knaven, they produced a design for Hoogvliet, where the large-scale regeneration operation that would come to be known as WiMBY! (Welcome into My Back Yard) had just been initiated. The three developed a vision for what was then the inter-vention area on the north side of Hoogvliet: a buffer zone between the outer buildings of the post-war new development and the A15 motorway, which separates Hoogvliet from the heavy petro-chemical industry. Their solution for giving this area a useful function consists of a plan to create a meandering ribbon of residential-business premises. The jury was enthusiastic and characterised the design as "reserved and caring". Winning Europan 6 had many implications for the young architects.

The three had first got to know each other while studying architecture at Eindhoven University of Technology. They had already taken part in previous competitions together, such as the one in Katwijk organised by the Leiden architecture centre, RAP. They won. In a "winning mood", they also decided to take part in Europan, and developed their design for Hoogvliet. The fact that they won this too, had an impact on their method of working. Up to then, they had been working for various different offices. Ilse Castermans worked for Jeroen Schipper and for Erick van Egeraat associated architects, for example. Patrick Meijers had specialised in making architectural animations and visualisations.

Europan brought them to a crossroads: either start an office themselves or each continue working for different offices and do something together now and then. "You eventually have to reach this point," they say now, with hindsight. "You have to choose: you can set up your own office, or carry on in the old way. In practice, working on two things at the same time is hard to combine. So we took the leap."

While brainstorming on the name of the new company, the various combinations of the first letters of the three surnames were tried out. There was considerable enthusiasm when someone called out "Cimka". It included all the letters, had a pleasant sound, and evoked memories of French "Simca" car company that had produced simple but popular family cars in the sixties.

Ilse Castermans and Patrick Meijers set up the office in Rotterdam, where they moved in 1998. Peter Knaven would commute from

Amsterdam. But the time and effort that he had to invest just in travelling to the office became an ever-increasing burden. Ilse Castermans and Patrick Meijers carried on alone. Their goal was to create architecture with a good balance between pragmatism and conceptuality.

"It should be something that is right in every respect," they say. They do not look to any other architect or office as heroes or examples, they say. "Naturally, we sometimes take over something from someone else, every architect does that. But we have no true models, at least not consciously. Many of our friends have also started up for themselves. Then you look to see how they are handling things. And you learn from that. But we are not so keen on heroes. We never use references when making our plans. The plan should speak for itself."

Since Hoogvliet, the fascination with the problem of post-war regeneration areas has remained. Certain factors had a hand in this. The Rotterdam Urban Development and Social Housing Department asked Meijers and Castermans to prepare a study for the regeneration of part of the Pendrecht district in Rotterdam-Zuid. At the Rotterdam Academy of Architecture, the architect Endry van Velzen approached them to supervise a workshop in which students could study the improvement of the Babbterspolder district of Vlaardingen in great depth. Here, again, they gained experience.

And then came Europan 7, which focused this time on the post-war regeneration areas. It could hardly have been a difficult decision for them to take part again, you would

think. But things were not that simple. "We thought long and hard about it", says Ilse Castermans. "Actually, we were undecided until the last moment whether we should take part again."

This doubt was largely attributable to their trials and tribulations after winning the previous Europan. The execution of their plan is still pending. "We had to present our plans many times, but then everything went quiet," she explains. But they saw, to their surprise, that the urban plan for the area for which they had made the winning design had been changed. While the content of their plan still remained, the form had vanished. Patrick Meijers continues, "Due to the economic situation, it is impossible to get rid of so many residential-working premises at one time. Moreover, the residents were not very fond of our plan. The Maasoevers housing corporation therefore cut up the design; they may go ahead with an attempt at a few trial blocks of fifteen homes. So the Urban Planning and Social Housing Department has adapted the urban development plan."

Incidentally, it now seems that the Hoogvliet situation is suddenly being revived again. "We received a phone call recently asking whether we were still interested. Of course we are." Meijer can explain the difficulty in progress. "In a competition like that, as an architect you often come in with your design as the third party. Perhaps you have made a very abstract plan and you may not have talked to anyone about it." Castermans adds, "As a competition participant, you work very much cut off from those who are directly involved. On the one hand, this is good because you can contribute

80   Resultaten
Results

Rotterdam
Rotterdam

Eerste prijs
Prize

Sinds Hoogvliet is de fascinatie voor de problematiek in de naoorlogse nieuwbouwwijken gebleven. Enkele factoren werkten dat verder in de hand. De Rotterdamse dienst Stedebouw en Volkshuisvesting vroeg Meijers en Castermans een studie te maken voor de vernieuwing van een deel van de wijk Pendrecht in Rotterdam-Zuid. Aan de Rotterdamse Academie van Bouwkunst benaderde architect Endry van Velzen hen om een workshop te begeleiden, waarin studenten zich verdiepten in de verbetering van de Vlaardingse wijk Babberspolder. Ook daar deden zij ervaring op.

En toen kwam Europan 7, dat ditmaal een aantal naoorlogse nieuwbouwwijken als ontwerpopgave centraal stelde. Het moet Ilse Castermans en Patrick Meijers weinig hoofdbrekens hebben gekost opnieuw mee te doen, zou je denken. Maar zo eenvoudig lag het niet. 'We hebben er heel lang over nagedacht', zegt Ilse Castermans. 'Eigenlijk zijn we tot het laatste moment aan het afwegen geweest of we inderdaad weer opnieuw mee moesten doen.'

De twijfel was voor een groot deel toe te schrijven aan hun wederwaardigheden na het winnen van de vorige editie van Europan. De uitvoering van hun plan laat nog steeds op zich wachten. 'We hebben onze plannen vele malen moeten presenteren, maar daarna werd het stil', constateren ze. Wel zagen ze tot hun verbazing dat het stedenbouwkundig plan voor het gebied waarvoor zij het winnende ontwerp maakten, werd gewijzigd. Daarmee stond wellicht de inhoud van hun plan nog overeind, de vorm was wel verdwenen. Patrick Meijers: 'Door de slechte economische situatie is het onmogelijk in één keer zo veel woon-werkwoningen kwijt te raken. Bovendien waren de bewoners niet zo van ons plan gecharmeerd. De woningcorporatie Maasoevers heeft daarom het plan opgeknipt: in enkele hapklare brokken van vijftien woningen willen ze het misschien proberen. De dienst Stedebouw en Volkshuisvesting heeft daarvoor het stedenbouwkundig plan aangepast.'

Toevallig lijkt er nu opeens weer wat schot in de Hoogvlietse zaak

te zitten. 'We werden onlangs weer gebeld met de vraag of we nog steeds interesse hebben. Natuurlijk hebben we dat.' Meijers heeft wel een verklaring voor de moeizame vorderingen. 'Als architect kom je bij zo'n prijsvraag met je ontwerp toch vaak als derde partij binnen. Je maakt een misschien wel erg abstract plan, waarover je dan nog met niemand hebt gepraat.' Castermans: 'Je werkt als deelnemer aan de prijsvraag erg losgeknipt van degenen die er direct bij zijn betrokken. Aan de ene kant is dat goed, omdat je onbevangen frisse ideeën kunt inbrengen. Maar vervolgens moet je alles weer wijzigen en aanpassen, wanneer je daar met die andere partijen over gaat praten.' Meijers: 'Misschien is zo'n ontwerp ook meer iets om dingen in gang te zetten, een katalysator.'

Met die wetenschap ging het tweetal aan het werk in Zuidwijk, de naoorlogse nieuwbouwwijk aan de zuidelijke rand van Rotterdam. Daar stapelen de problemen zich op. Een eenzijdig woningaanbod van goedkope huurhuizen, toenemende vergrijzing, een wegtrekkende bevolking, die plaatsmaakt voor minder draagkrachtigen. Aan de rand van Zuidwijk moet een voorziening komen die de overgang tussen de stad en het landelijke groen gestalte geeft en in de wijk past.

De opgave sprak de oprichters van Cimka aan. Castermans: 'Wij voelen ons wel thuis in de naoorlogse nieuwbouwwijken. Wij hebben gemerkt dat we erg zijn gericht op context. Hoe ingewikkelder de context, des te beter kunnen we uit de voeten.' Meijers: 'Een *tabula rasa*, waarin je iets maakt vanuit het niets, vinden wij lastiger om te doen. Wanneer er geen context is, wordt het moeilijker iets te ontwerpen. Wij hebben de gelaagdheid van een bestaande situatie nodig om op in te spelen.'

Wat hun ook aanspreekt in een opgave als Zuidwijk is de actualiteit. Castermans: 'De problematiek in de naoorlogse woonwijken is heel actueel. Er gebeurt daar op dit moment van alles waarop heel snel een antwoord moet worden geformuleerd.' Meijers: 'De punten waar het is misgegaan, vallen vaak als eerste op: de snelle bouw, de

slechte bouwkwaliteit, het feit dat de wijken vaak te rigide zijn opgebouwd. Maar er zijn wel degelijk kwaliteiten aanwezig. Die ontdek je wanneer je daar aan de slag gaat. Je ziet dat er veel groen in die wijken is, terwijl dat nauwelijks wordt benut. Alleen ouderen en allochtonen maken er gebruik van, en dan wordt het vaak beschouwd als rondhangen.'

Bij hun studie in Pendrecht ontdekten ze dat sommige corporaties in de naoorlogse nieuwbouwwijken vaak met snelle oplossingen de problemen uit de wereld willen helpen. Castermans: 'Het liefst willen ze slopen en er grondgebonden woningen voor in de plaats zetten. Het gemeenschappelijke groen weghalen en er een soort Vinex-wijk neerzetten. Dat lijkt al snel op gemakzucht. Wij willen proberen daar een nieuwe dimensie aan te geven. Je moet zorgen dat de mensen die er wonen en die met dat groen te maken hebben, zich er ook weer verantwoordelijk voor voelen. Je moet het groen ook die proporties geven dat dat kan. Dat het groen weer ergens voor gebruikt kan worden.'

Aan de andere kant kan een ontwerp slechts slagen als de architect feilloos in de gaten heeft wat er in Zuidwijk, waarvoor Willem van Tijen indertijd het stedenbouwkundig plan ontwierp, niet is gelukt. Meijers: 'Wij geven ook maar een idee en weten niet of het honderd procent goed uitpakt. Maar het geeft wel een richting aan die valt uit te proberen.'

Ook het voorstel van Cimka, Nieuw Peil, heeft openbaar groen. Maar het groen manifesteert zich op verschillende manieren en lijkt telkens een gradatie kleiner te worden, van binnenhof tot balkon en galerij. De ontwerpers hebben geprobeerd de bebouwing in het landschap te laten wegzinken en hebben gekozen voor bouwvolumes die aansluiten op de ritmiek van de omliggende woonblokken. In het complex zijn woningen voor ouderen ondergebracht, winkels en een kinderdagverblijf. Ook zijn er woningen waarin ouderen kunnen wonen die nog geen behoefte hebben aan zorg. Flexibiliteit is een belangrijk kenmerk van het complex.

'De essentie van de opdracht is een contradictie', zegt Patrick Meijers. 'Het plan moet een schakel zijn tussen twee groenzones, maar juist dit overgangsgebied moet dan worden volgebouwd. Je kunt het programma bijna niet realiseren zonder het groen aan te tasten.' Ilse Castermans: 'Je moet dan proberen niets te bouwen en tegelijk veel te bouwen. Daarom hebben we besloten de bebouwing op slechts één plek te concentreren. Onze bedoeling was een minimale ingreep te doen.'

Uitgangspunt voor hen was dat het groen van de wijk grote kwaliteit heeft. Ook de architectuur van Zuidwijk willen zij niet aantasten. Meijers: 'Zuidwijk en andere nieuwbouwwijken uit die tijd vloeiden voort uit een stedenbouwkundig ideaal, het ideaal van de wijkgedachte. Het tegenwoordige individualisme heeft dat ideaal omver gekegeld, maar in deze wijken moet je proberen tussen beide een nieuwe balans te vinden. Ons complex is niet alleen een voorziening voor ouderen. Ook mensen van buiten moeten in de winkels komen. We hebben het kinderdagverblijf dat aan de rand van het plangebied staat in het complex opgenomen. Het is de bedoeling dat de mensen die er wonen weer trots worden op hun buurt. Je kunt het een herinterpretatie van de wijkgedachte noemen, ja.'

Als winnaars gaan ze opnieuw een traject in waarbij andere partijen zich met hun ontwerp bemoeien. Na hun ervaring in Hoogvliet nemen ze zich voor hun eigen ontwerp met meer souplesse te hanteren. 'Als architect kun je het vervolgtraject niet sturen, daarvan zijn we ons bewust. Als architect heb je alleen een openbrekende rol, op alle schaalniveaus kun je een oplossing aandragen. Het enige wat je hebt, is je plan. Misschien moet je bereid zijn dat uiteindelijk helemaal los te laten. Zie het als een bouwsteen om mee aan de slag te gaan. Veel hangt natuurlijk ook af van de chemie tussen de verschillende partijen waarmee je te maken hebt.'

fresh, open-minded ideas. But you then have to change and adapt everything once you start talking about it with the other parties." Meijers, "Perhaps the design is more just to start the ball rolling, a catalyst."

With this knowledge, the two got down to work in Zuidwijk, the post-war development on the southern edge of Rotterdam. There the problems are starting to mount up. A monotonous supply of cheap rented accommodation, an increasingly aging population, residents that are moving away and making room for the less well-to-do. The intention is to have an intervention at the edge of Zuidwijk that will give substance to the transition between the city and the green countryside, and that will fit into the district profile.

The assignment attracted the founders of Cimka. Castermans, "We do feel at home in the post-war development areas. We have noticed that we are very focused on context. The more complicated the context, the better we like it." Meijers continues, "We find it more difficult to work with a tabula rasa where you create something from nothing. If there is no context it becomes harder to design something. We need the differing layers of the existing situation to latch on to."

What they also like in an assignment such as Zuidwijk is the topicality. Castermans, "The problems in the post-war districts are very topical. All kinds of things are happening there right now, and answers need to be found quickly." Meijers, "What first attracts your attention is often the things that have gone wrong: the fast construction, the poor construction quality, the fact that the districts were often built up too rigidly. But there are definitely some good qualities too. You discover these when you set to work. You notice that there are a lot of green areas in those districts, but they are hardly used. Only old people and immigrants use them, which is then often seen as hanging about." While studying in Pendrecht, they discovered that some corporations in the post-war development areas often try to get rid of the problems with quick solutions. Castermans, "Ideally, they'd prefer to knock them down and put ground-level housing there instead. Remove the public green areas and put a sort of Vinex district there. That's too much like taking the easy way out. We want to try and give the area a new dimension. You need to try and make the people who live there and who use the green areas feel responsible for them again. You also

need to give the green areas the proportions that make this possible. So they can be used for something again."

On the other hand, a design can only succeed if the architect has an exact concept of what did not work in Zuidwijk — for which Willem van Tijen developed his urban plan. Meijers explains, "We are only putting forward an idea and we don't know whether it will be a hundred percent effective. But it does indicate a direction that can be attempted."

The proposal by Cimka, Nieuw Peil has public green areas. But the green is manifested in different ways and seems to be a scale smaller each time, from inner courtyard to balcony and gallery. The designers have attempted to make the buildings sink into the landscape and have opted for building volumes that harmonise with the rhythm of the surrounding housing blocks. The complex includes housing tailored to the elderly, plus shops and a day-care centre for children. There is also accommodation for older people who do not yet need care. Flexibility is an important characteristic of the complex.

"The essence of the assignment is a contradiction," says Patrick Meijers. "The plan is intended to function like

a link between two green zones, but this means that the transition area will have to be totally built-up." It is almost impossible to achieve the programme without destroying the green aspect." Ilse Castermans continues, "So you have to try and build nothing and build a lot at the same time. This is why we decided to focus the construction on a single spot. Our intention was to make a minimal impact."

Their basic premise was that the green areas of the district had great quality. And they did not want to impose on the architecture of Zuidwijk. Meijers, "Zuidwijk and other new development areas from that period were the outcome of an urban planning ideal, the ideal of 'neighbourhood thinking'. Contemporary individualism has thrown that mindset overboard but in these districts you need to find a new balance between both concepts. Our complex is not merely a facility for the elderly. People from other places should also visit the shops. We have incorporated the children's day-care centre, which is situated on the edge of the intervention area, into the complex. The idea is that the residents can become proud of their neighbourhood again. You could call it a re-interpretation of neighbourhood thinking. Yes."

As winners, they are again entering a phase in which other parties will become involved in their design. After their experience in Hoogvliet, they have decided to be more flexible about retaining their own design. "As architects, you cannot direct the next phase, we realise that. An architect merely has the role of breaking new ground, suggesting a solution on all scale levels. The only thing you have is your plan. Perhaps you should be prepared eventually to let go of it entirely. See it as a building block that starts the ball rolling. A lot also depends, of course, on the chemistry between the various parties that you have to deal with."

Bijzondere vermelding   Special mention

HM 124 Urban Landscape

Henk Korteweg NL 1969
Mariëlle Berentsen NL 1972

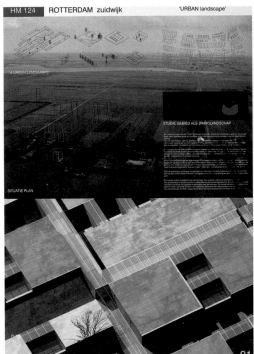

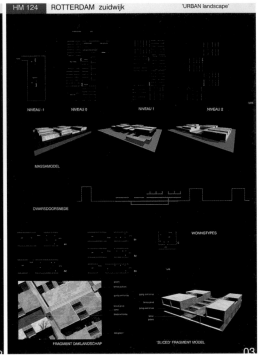

Urban Landscape berust op een fundamentele omkering: in plaats van het park te zien als een onderdeel van de stad, wordt het wonen tot een onderdeel van het park gemaakt. Met het park als groen decor kan vervolgens worden volstaan met een privé-buitenruimte die zuiver functioneel is. Op basis van deze integratie van woningen en het landschap is een typologie voor woningen en wooncomplexen uitgewerkt, met als voorlopig resultaat acht schematische modellen voor *urban landmarks*. Voor de planlocatie is op basis van een van deze modellen – de 'hofwoning' – een complex met ouderenwoningen ontwikkeld, met patiowoningen die niet één maar drie lagen tellen. De daken vormen letterlijk een landschap, met het aanzien van een polderverkaveling.

Urban Landscape is based on a fundamental reversal: instead of seeing the park as a component of the city, the living environment is seen as a component of the park. With the park as a green *décor* it then suffices to have a private exterior space that is purely functional. The typology for the housing and residential complexes are elaborated on the basis of this integration of housing and landscape with, as a provisional result, eight schematic models for "urban landmarks". For the intervention area, on the basis of one of these "models", the "courtyard with housing" has been developed – a complex with housing for the elderly, with patio housing in not one by three layers. The roofs quite literally form a landscape, with the appearance of polder parcelisation.

Oordeel van de jury

Jury assessment

Aan Urban Landscape kleeft één overwegend bezwaar, waardoor het volgens een meerderheid van de jury niet in aanmerking komt voor een prijs: het plan is onvoldoende afgestemd op de specifieke omstandigheden van de locatie. Voor het overige is de jury onder de indruk, zowel van het concept als van de architectonische uitwerking. Het ontwerp is mooi en tot op alle niveaus doordacht, met onder meer geraffineerd gedraaide woningvolumes die ervoor zorgen dat, ondanks de hoge dichtheid, overal in de woningen het daglicht doordringt.

There is one weighty objection to Urban Landscape and this is why the majority of the jury did not consider it eligible for a prize: the plan is insufficiently tailored to the specific circumstances of the site. Apart from that, the jury is impressed, both with the concept and the architectural elaboration. The design is attractive and well-considered at all levels with, among other things, refined deflected housing volumes that ensure that, despite the high density, the daylight penetrates the housing.

Feiten

Facts

Over complexiteit, eenvoud en een wonder

Maarten Kloos 'Peripheries become the center' is het motto van een pretentieuze kunstmanifestatie in Praag. Dat appelleert op een plezierige manier aan Louis Paul Boons 'utopie van de periferie', maar levert een existentieel probleem op bij de confrontatie met de stelling 'without center, no periphery' (Rem Koolhaas in zijn essay 'Generic city'). Laten we het erop houden dat een begrip als periferie niet in een oneliner is te vangen, wel en zelfs zeer goed in een reeks van platitudes, die op het ene moment elkaar bevestigen, op het andere elkaar tegenspreken, en tezamen een wirwar van invalshoeken, overeenkomsten en conflicten opleveren. We hebben het over iets dat onwaarschijnlijk complex is, over die wereld waar – in de woorden van de scheurkalender – '(...) the developer bulldozes out the trees, then names the streets after them' (een uitspraak van de Amerikaanse schrijver Bill Vaughan). Begin jurering Europan 7. De eerste, procedurele afspraken. Planning, samenstelling jury. Op een zonnig zomerterras een bespreking van het werk van de technische commissie, die de plannen toetst op een veelheid van facetten (betekenis in de context van de Europese stedelijke traditie, duurzaamheid, mogelijkheden van een gefaseerde realisatie, flexibiliteit, geschiktheid van de woningen voor mensen uit verschillende culturen, integratie openbare ruimte, aanwezigheid nieuwe impuls). Het grote aantal plannen maakt nieuwsgierig, thuis erop studeren is niet goed mogelijk omdat de leesbaarheid van de cd niet optimaal is. Eerste samenkomst van de jury in het NAi, hartelijk begroeten van oude bekenden, kennismaken met mensen die je tot nu toe alleen van naam kende. Het gesprek is nog onwennig, de erop volgende excursie een uitje. Zwarte vip-bus met conferentieopstelling. Direct al veel discussie, ook al betekent de mobiele telefoon dat iedereen nog erg afwezig is. In de loop van de dag maakt de warmte loom. Zo rijdend door Nederland is alles periferie, is Nederland één groot suburbia. Maar bij het bezoeken van de locaties slaat dat als het ware om. Vier locaties, vier verschillende typen suburbia, voor de enthousiaste

betrokkenen vier gebieden die in hun beleving een centrale plaats innemen. In Rotterdam moet een naoorlogs woongebied worden aangepast aan de eisen van de tijd. Inspirerend is de omstandigheid dat het hier om een echte stadsrand, de zuidrand van de stad, gaat. De spoorlijn die daar ligt zal in de toekomst verdwijnen, waardoor het mogelijk wordt om iets te doen aan de overgang tussen wijk en open groengebied. In de wijk zelf kunnen huurwoningen worden vervangen door koopwoningen en zijn meer voorzieningen nodig. In Den Haag wandelen we door een sfeervol woongebied. Mooie, beetje saaie ruimte. Zo laten? Ja, vindt iemand van de winkeliersvereniging die we op straat ontmoeten. In ieder geval met de nodige voorzichtigheid aanpakken, zeker omdat met het programma wordt aangestuurd op een verdichting en een meer gedifferentieerde woningvoorraad. Kwaliteit openbare ruimte in de gaten houden! In Amsterdam duiken we de Westelijke Tuinsteden in en zien een buurt in een overgangsfase. Entourage: veroudering, sporen van sloop, nieuwbouw. De naam van Bakema gaat eerbiedig gefluisterd rond, want van het gebied gaat zelfs onder de huidige, weinig florissante omstandigheden een grote kracht uit. Gewetensvraag: hoe ver mag je hier, zoekend naar een grotere variatie in prijs en type woningen en een betere openbare ruimte, gaan met sloop? Op naar het oosten van het land, maar onderweg stappen we onverwachts uit in een donker dorp met een opvallend verlicht centrum. Berekend op veel toeristen, zo lijkt het, maar die zijn er nu (eind september) even niet. Waar ben ik? Twello? Wat doe ik hier? Wat is dat voor een raar, hoog gebouw tegenover het restaurant? Is dit de periferie van de periferie? Diner in restaurant, gotische rozen op tafel. De jury begint een groep te worden. Later in Hengelo: hotel in het centrum, in de buurt van het station. De volgende dag gordijnen open, uitzicht op spandoek: *Een mooie dag voor mosselen.* Mosselen? Hengelo is een stad die geschapen is om het begrip suburbia te illustreren. Tot in het hart van de stad heb je het gevoel dat het werkelijke centrum heel ergens

About complexity, simplicity and a miracle

Maarten Kloos "Peripheries become the centre" is the motto of a pretentious art manifestation in Prague. A nice way of referring to Louis Paul Boon's "utopia of the periphery", but it creates an existential problem when confronted with the proposition "without center, no periphery" (Rem Koolhaas in his essay "Generic city"). Suffice it to say that a concept such as periphery cannot be captured in a one liner, although it can be – and very fittingly – in a series of platitudes that one moment endorse each other, and another refute each other, and collectively yield a jumble of interpretations, agreements and conflicts. We are talking about something that is implausibly complex, about a world where – in the words of a block calendar – "[...] the developer bulldozes out the trees, then names the streets after them" (a pronouncement by the American writer Bill Vaughan). The adjudication of Europan 7 begins. The first, procedural, arrangements. Planning, composition of jury. On a sunny summer pavement café we discuss the work of the technical committee that assesses the plans on a multiplicity of facets (significance in the context of the European urban tradition, sustainability, possibility of phased building, flexibility, suitability of the housing for multi-cultural residents, integration of public space, presence of a new impulse). The large number of plans excite curiosity, studying them at home is difficult because of the poor readability of the CD. First meeting of the jury at the NAI, warm welcome from old acquaintances, meeting people whom you have only known previously by name. Uncomfortable conversations, the subsequent excursion an outing. Black VIP coach with conference seating. Straight away much discussion, despite the mobile telephones "distancing" those present. As the day progresses the "travellers" become sluggish from the heat. Travelling through the Netherlands, it is all periphery, the Netherlands is one large suburb. But when visiting the sites things seem to change. Four sites, four different types of suburbia, for the enthusiastic parties in question four areas that occupy centre stage in their perception. In Rotterdam a post-war residential area has to be adapted to contemporary requirements.

Inspiration galore, this concerns a genuine city periphery, the southern edge of the city. The railway track will be removed in the future making it possible to do something with the transition between the district and the open green area. In the district even the rented accommodation can be replaced with owner-occupied housing and more facilities are needed. In The Hague we walk through a residential area full of atmosphere. Pleasant, something dreary space. Don't interfere? Yes, leave it as it is says someone from the shopkeepers' association who we meet in the street. In any event, a cautious approach, certainly given the fact that the programme focuses on densification, and a more differentiated housing stock. Safeguard the quality of the public space! In Amsterdam we plunge into the Westelijke Tuinsteden districts and encounter a neighbourhood in a transitional phase. Entourage: outdated, traces of demolition, new development, The name Bakema is reverentially whispered because, despite the unpromising circumstances, the area itself radiates great power. The tricky question here: in the search for a greater variation in price and housing types and improvement of the public space – how much should be demolished? On to the east of the country, but on the way we make a sudden stop in a dark village with a dazzlingly-illuminated centre. Catering for many tourists so it would seem, but they are absent at the moment (end of September). Where am I? Twello? What am I doing here? What is that strange, tall building opposite the restaurant? Is this the periphery of the periphery? We dine in the restaurant, gothic roses on the table. The jury begins to become a group. Later in Hengelo: hotel in the centre, in the vicinity of the station. The next day, open the curtains, view of a banner "A good day for mussels". Mussels? Hengelo is a town created to illustrate the concept of suburbia. Right up to the core of the town centre you get the feeling that the real centre must be somewhere else. What is termed the centre, is so chaotic, so unruly in its proportions, so ugly that it can make you euphoric: what splendour – from the town hall by Berghoef, a candid symbol of power in the tradition of the Delft School, to the Europan site, a spot where many things

anders moet liggen. Het zogenaamde centrum is zo chaotisch, zo weerbarstig in zijn proporties, zo lelijk dat je er euforisch van kunt worden: wat een schoonheid – van het raadhuis van Berghoef, een oprecht machtssymbool in de traditie van de Delftse School, tot de Europan-locatie, een plek waar van alles aan de hand is, met hier een mooie evenwichtige straat, daar een paar rare blokken waarin geen enkele logica is te ontdekken, een verwaarloosde beek. Overweldigende indruk: hier mag toch niet te veel orde worden geschapen, hier gaat het om het landschappelijk uitbuiten van de wanorde! De eerste fysieke confrontatie met de panelen, drie per plan, in een door de machinefabriek van Stork verlaten schoolgebouw. Sfeer: kaal metselwerk, harde akoestiek. Even komt alles op je af: wat een energie staat hier tegen de wanden. Al die inzendingen, die massa verhalen. En als altijd vraag je je kortstondig af hoe je uit die enorme hoeveelheid plannen de kwalitatief beste plannen naar boven moet halen. Individuele rondjes langs de plannen. Eerste groepsbesprekingen, mooie discussies, alles in het Engels vanwege de juryleden uit Finland en Spanje. Zowel de eerste als de tweede dag wordt het gaandeweg erg warm, door zon en sterke lampen. Maar aan het eind is er de beloning: het terras van het Rabo Theater in een verlaten binnenstad, een *diner dégagé* in restaurant Le Rossignol. In deze eerste juryronde wordt de kern van het probleem duidelijk. Suburbia, periferie, het zijn begrippen die in hun complexiteit alleen gedefinieerd kunnen worden door een zo groot mogelijk aantal gedachten, benaderingen en theorieën, uitspraken, speculaties en ontwerpen naast elkaar te zetten. Dat is hier dus gebeurd. Het selectieproces mag nu geen vereenvoudiging van de problematiek zijn, maar moet leiden tot een intensivering. Van goed jureren is sprake als je het gevoel hebt met ieder plan dat afvalt weer een stapje dichter bij 'een' waarheid te komen. Twee maanden later. Naar Graz. Tussen vliegveld en centrum zien we iets wat op een suburbaan karakter wijst. Graz zelf stijlvol maar wel erg statisch en hermetisch. Niet mijn stad, hoewel een stamkroeg voor drie dagen snel is gevonden. Congres: de gebruikelijke buitenlandse contacten, onder anderen met leden van de overige jury's. De sfeer van een songfestival. Wandelende clichés: arrogante Fransen, aardige Esten achter een wat stuurs masker. Vreemde bijeenkomsten. Workshops vol taalproblemen in een warrige sfeer. De geluidsinstallatie voor het feest van die avond wordt getest, een dreunend karretje maakt de stoep schoon. Belangrijker probleem: het gebrek aan informatie over de ruimtelijke en sociale context in de steden waarover je geacht wordt te discussiëren. Net als bij de jurering wordt hier van je verwacht dat je keuzes maakt en dat je al je aandacht richt op het verkleinen van het aantal opties.

Maar wat je voelt is een verlangen naar meer. Naar meer gegevens, meer plannen, meer inzichten en tegenstellingen. Intussen is de stad koud. Het Kunsthaus van Peter Cook valt tegen, de veelbelovende 'Medienturm' is dicht, het Duitse televisiecommentaar bij de nederlaag van het Nederlands elftal tegen Schotland is monter, het Europan-feest valt tegen. Maar de laatste twee juryleden zijn gearriveerd, de jury is compleet. De laatste dag is veel concentratie vereist. Nu moet bekeken worden welke van de voor Graz geselecteerd plannen (20 procent van het totale aantal inzendingen) in aanmerking komen voor een van de prijzen of een bijzondere vermelding. Dit proces is berucht moeilijk. Hoe kleiner het aantal overblijvende plannen, hoe intenser de botsing van thema, locatie, de opvatting van de ontwerper(s) en de criteria van de jury. Nu gaat het niet meer alleen om het ontwerpconcept en het al of niet vernieuwende karakter van het plan. Nu wordt genadeloos ingezoomd op de stedenbouwkundige en architectonische kwaliteit en de oplossingen voor de sociale problematiek. Nu wordt de discussie emotioneler, want bij het meer gedetailleerd per locatie aangeven van prioriteiten worden tegenstellingen binnen de jury blootgelegd. Voor de locatie in Hengelo blijft de mate van ordening belangrijk, en wegen ook de landschappelijke aspecten van de opgave zwaar, voor die in Amsterdam telt onder meer de zorg om de helderheid van het ensemble. Vooral met betrekking tot Den Haag spitst de discussie zich toe op de stedenbouwkundige identiteit in relatie tot de woningtypen en in de Rotterdamse opgave fascineert in toenemende mate de mogelijkheid van verdichting in de directe nabijheid van de stadsrand. Bij iedere beslissing besef je dat op de schouders van de uitverkoren plannen een bijna onmogelijk zware last wordt gelegd. Dit keer extra, omdat van die laatste plannen toch eigenlijk wel – heel paradoxaal – wordt verwacht dat ze elk voor zich de complexiteit die de veelheid aan plannen vertoonden, in zich hebben. Ben je onder die omstandigheden na afloop als jury tevreden met het resultaat, dan ervaar je dat ook een beetje als een wonder.

are wrong, here the occasional, well-balanced street, there a couple of blocks in which no logic can be detected, a neglected brook. Overwhelming impression: avoid creating too much order, this is a call for the landscape-orientated exploitation of disorder! The first physical confrontation with the panels, three per plan, in the abandoned school premises of the Stork machine factory. Atmosphere: bare brickwork, loud acoustics. It all comes straight at you: all that energy against the walls. All the entries, the masses of stories. And, as always, the fleeting doubt, how to select the best-quality plans from the enormous volume of entries. Individual rounds of the plans. First group discussions, all in English because of the jury members from Finland and Spain. Both on the first and the second day it becomes very hot by degrees, due to the sun and the strong lamps. But at the end the reward: the pavement café of the Rabo Theater in a deserted town centre, a "diner degage" in restaurant "Le Rossignol". In this first adjudication round the crux of the problem is clear. Suburbia, periphery, these are concepts that in their complexity can only be defined by setting as many ideas, approaches and theories, pronouncements, speculations and designs as possible next to each other. That is what happened here. The selection process may not now become a simplification of the issues, it should lead to an intensification. Good adjudication means having the feeling that, with every plan you reject, you are drawing a step closer to "a" truth. Two months later. Graz. Between the airport and the centre we see traces of a suburban character. Graz itself, is stylish but very static and hermetic. Not my city, though we soon find a local bar for the following three days. Congress: the customary foreign contacts with, among others, the other juries. The atmosphere of a song festival. Walking clichés: the arrogant French, the kind Estonians behind somewhat surly masks. Strange meetings. Workshops teeming with language problems in a confusing atmosphere. The sound system being tested for the party in the evening, the drone of a cart cleaning the pavement. A more important problem: the lack of information about the spatial and social context in the cities that you are expected to discuss. Just as with the adjudication, here you are expected to make choices and concentrate on reducing the number of options. But what you feel is a longing for more. More details, more plans, more insights and antitheses. In the meantime the city has grown cold. The Kunsthaus by Peter Cook is disappointing, the highly-promising "Medienturm" is closed, the German television commentator is cheerful as the Dutch team is defeated by Scotland, the Europan party does not live up to expectations. But the last two members of the jury have arrived, the jury is complete. The last day requires a great deal of concentration. We now have to decide which of the plans selected for Graz (20 per cent of the total number of entries) are candidates for one of

the prizes or a special mention. This process is notoriously difficult. The smaller the number of remaining plans, the more intense the clash of theme, site, the interpretation of the designer and the criteria of the jury. It is now no longer just a question of the design concept and whether the plan has a regenerative character or not. Now the merciless focus is on the urban and architectural quality and the solutions for the social issues. The discussion becomes more emotional, because when specifying the details of the priorities for each site, the conflicting views within the jury are exposed. For the site in Hengelo the degree of planning remains important and the landscape aspects weigh heavily, for Amsterdam there is concern about the clarity of the ensemble. As regards The Hague, the discussion concentrates on the urban identity in relation to the housing types and in Rotterdam there is increasing fascination for the possibility of densification in the immediate vicinity of the city periphery. With each decision you become aware of the almost unbearable pressure placed on the plans "elected". In this case extra, because each of these last plans – highly paradoxically – is in fact expected to embrace the complexity that the multitude of plans displayed. If under these circumstances you, the jury, are satisfied with the final outcome, then you also experience this as a small miracle.

Complexiteit van het wonen

Nederlandse Europan-plannen in Europees perspectief

Harm Tilman De veranderingen die in de stad optreden, zijn in de Zuid-Europese literatuur over stedenbouw beschreven als *città diffusa*, verstrooide stad. De uitdrukking is in 1990 geïntroduceerd door de Italiaanse stedenbouwkundige Francesco Indovina voor de beschrijving van de Veneto in Italië. Intussen wordt de uitdrukking gebruikt voor een algemene stedelijke conditie waarin nederzettingen en infrastructuren zich over een veel groter gebied verspreiden dan het gebied dat tot de stad behoort. In de verstrooide stad verdwijnt de hiërarchische verhouding tussen centrum en periferie en is sprake van een 'verbreed gebruik van het territorium', zoals de Italiaanse stedenbouwkundige Bernardo Secchi het in datzelfde jaar uitdrukte.

De opkomst van de verstrooide stad hangt samen met de veranderingen die de afgelopen periode in de communicatie zijn opgetreden. De komst van de hogesnelheidstreinen heeft de geografie van steden sterk veranderd. Aan de ene kant komen de Europese steden dichter bij elkaar te liggen. Dit heeft geleid tot een verruiming van de vestigingsplaatsfactoren. Tegelijkertijd ontstaan rond TGV-haltes nieuwe concentraties. In een straal van 60 kilometer is sprake van locatievoordelen in termen van toegankelijkheid. De tweede revolutie van de afgelopen tijd is de introductie van telematica en databanken, waarmee in *real time* grote

hoeveelheden gegevens geraadpleegd en overgebracht kunnen worden. Door deze ontwikkeling zijn de periferie en de suburbs in een geheel nieuw licht komen te staan.

Tot de nieuwe stedelijke configuraties die in Europa ontstaan, behoren de metropolitaanse gebieden rond Parijs en Londen, de verstedelijking van het Ruhrgebied, het gebied ten noorden van Milaan, de wolk tussen Genève en Marseille en de samenklontering van Lille, Roubaix en Tourcoing. In Vlaanderen wordt gesproken van een 'nevelstad' die het gehele territorium met wisselende dichtheden bestrijkt. Volgens de stedenbouwkundige Bruno DeMeulder is deze nevelstad 'het onwillekeurige resultaat van een beleid dat zich aan de ruimtelijke orde weinig gelegen liet'. De optelsom van de eindeloze rij private investeringen in de ruimte leidt tot een slordig aandoend landschap en een stedelijkheid zonder stad, aldus DeMeulder.

Verstrooide stad en stedelijke complexiteit Ook Europan richt in deze editie de schijnwerpers op de verstrooide stad. Volgens Europan-chef Didier Rebois leiden het toenemende autogebruik, de ontwikkeling van perifere woon- en werkgebieden en de explosie van de *leisure*-industrie 'onverbiddelijk tot het model van de verstrooide stad'. Doel van een stedelijk beleid is

'om in deze gebieden in te grijpen, om ze te reorganiseren en ze zo te verbinden met de stedenbouwkundige traditie van de Europese steden en ze te betrekken bij het streven naar stedelijke duurzaamheid'. Het is dan ook niet verwonderlijk dat bij stedelijke vernieuwing de dialectiek van plaatsgebondenheid en mobiliteit centraal staat, aldus Rebois.

Het model van de verstrooide stad is zeker een geschikt model om de transformatie van de hedendaagse stad te lezen en daarin aanknopingspunten te vinden voor een transformatie naar de duurzame stad. Echter naast de spreiding van activiteiten waar het begrip verstrooide stad op inspeelt, is in de meeste West-Europese steden steden tegelijk sprake van enorme concentratietendensen, als gevolg van de instroom van migranten. Veel van de gebieden die in deze ronde van Europan het onderwerp zijn, zoals naoorlogse wijken, hebben te maken met dit fenomeen. In Oost-Europa is sprake van precies het omgekeerde proces. Zo verloren de meeste Oost-Duitse steden in de afgelopen tien jaar 10 tot 20 procent van hun bevolking. Planologen hebben berekend dat in geheel Oost-Duitsland de komende jaren één miljoen woningen moeten worden gesloopt.

Of dit laatste ook werkelijk gaat gebeuren, is sterk de vraag gezien de grote emotionele barrières tegen de sloop van een eens geliefde

Complexity of living

Dutch Europan plans in a European perspective

Harm Tilman The changes that occur in cities are described in south-European urban planning as *città diffusa,* or dispersed city. The expression was introduced in 1990 by the Italian urban planner, Francesco Indovina, to describe Veneto in Italy. The term has meanwhile come to be used to describe the general urban condition whereby pockets of development and infrastructure are spread out across a much wider area than that of the city itself. In the dispersed city, the hierarchical relationship between the centre and the periphery vanishes and there is an "extended use of the territory", as the Italian urban planner, Bernardo Secchi, called it in that same year.

The advent of the dispersed city is linked to recent changes in communication. The arrival of high-speed trains has drastically altered the geography of cities. On the one hand, the European cities are brought closer together, which has led to a broadening of location factors. At the same time, new concentrations are forming around TGV (high-speed train) stations. There are location advantages in terms of accessibility within a 60 kilometres radius. The second revolution of the past period is the introduction of telematics and databanks whereby large quantities of data can be consulted and transferred in "real time". This development has meant that the periphery and the suburbs are viewed in an entirely new light.

Among the new urban configurations that are being created in Europe are the metropolitan areas around Paris and London, the urbanisation of the Ruhr district, the area to the north of Milan, the mushrooming between Geneva and Marseille and the clustering of Lille, Roubaix and Tourcoing. In Flanders there is talk of a nebular city that covers the entire territory with different densities. The urban planner, Bruno DeMeulder, describes this as "the spontaneous result of a policy that took little heed of spatial planning." The outcome of the endless series of private land investments has led to a scruffy-looking landscape and an urban environment without a city, according to DeMeulder.

Dispersed city and urban complexity
Europan, too, highlights the dispersed city in this round. According to the head of Europan, Didier Rebois, the increased use of the car, the development of peripheral residential and work environments and the explosion of the leisure industry have led "inexorably to the model of the dispersed city". The objective of an urban policy is "to intervene in these areas, to reorganise them and thereby to link them to the urban planning tradition of the Europan cities and to include them in the pursuit of urban sustainability." It is therefore not surprising that, in the case of urban renewal, the dialectics of localisation and mobility are key concepts, believes Rebois.

The model of the dispersed city is definitely one that is suited for observing the transformation of the contemporary city and finding points of contact there for a transformation to the sustainable city. Besides the spreading of activities that the concept of a dispersed city reflects, however, cities also contain tremendous concentration tendencies as a result of the influx of immigrants to most West-European cities. Many of the areas that are the subject of this round of Europan, such as post-war districts, are subject to this phenomenon. In Eastern Europe, exactly the opposite process is found. Most of the East-German towns have lost 10 to 20 per cent of their population over the past ten years. Planners have estimated that 1 million houses will need to be demolished in the whole of East Germany in the coming years.

Whether this will actually happen is highly questionable, in the light of the strong emotional barriers to demolition of a once-loved neighbourhood. Resistance to demolition is encountered in other countries, too. People who have lived there all their lives usually will not hear of it. A tricky aspect is the architectural value of these buildings and ensembles. The alderman of Groningen, Smink, who is a jury member for the entries for the Dutch Europan 7 sites, believes that this could be a reason not to demolish. The arguments last year of the Finnish designer, Mikael Sundman, during the "Green City" manifestation in the IJsselmonde district of Rotterdam, also supports this view. He

Grigny

woonbuurt. Ook in andere landen is weerstand tegen sloop te bespeuren. De mensen die er al hun leven lang wonen, moeten er in de regel niets van weten. Een heikel punt is de architectonische waarde van deze gebouwen en ensembles. Dit zou volgens de Groningse wethouder Smink, lid van de jury van de inzendingen voor de Nederlandse Europan 7-locaties, een reden kunnen zijn om niet tot sloop over te gaan. De argumentatie van de Finse ontwerper Mikael Sundman, vorig jaar tijdens de manifestatie 'Groene stad' in de wijk IJsselmonde van Rotterdam, sluit hier op aan. Volgens hem is de sloop van de flats en het terugbouwen van nieuwe woningen geen oplossing. Gezien de architectonische kwaliteit is het een absolute verkwisting en het tegendeel van wat met duurzame ontwikkeling wordt beoogd. En, zei Sundman, als je nu sloopt en nieuwe woningen terugbouwt, dan krijg je over twintig jaar met opnieuw hetzelfde mechanisme te maken.

Daarmee is de 'suburbane uitdaging' (het centrale thema van Europan) een complexe aangelegenheid. De hedendaagse stad wordt niet alleen gekenmerkt door regiovorming en opname in stedelijke netwerken, maar ook door stedelijke fluïdes die de steden in golven overspoelen en stap voor stap veranderen. Het wonen is daardoor een complexe zaak geworden, overigens al jaren geleden voorzien door Henry Lefebvre in het boek *The Production of Space*. Een huis is volgens Lefebvre in de eerste plaats stabiel en bezit rigide contouren, als betrof het een partikel (een elementair deeltje). Het is de belichaming van onbeweeglijkheid, in bezit van heldere en ondubbelzinnige grenzen. Tegelijk kan het huis worden beschouwd als een golf die vanaf ieder punt in iedere richting langs iedere denkbare route wordt doorkruist door energiestromen. Het beeld van onbeweeglijkheid is vervangen door het beeld van een complex amalgaam van mobiliteiten, zoals bezoekers, water, elektriciteit en datastromen.

Naoorlogse wijken

Deze complexiteit karakteriseert ook de naoorlogse wijken, de grote ensembles die in de jaren vijftig en zestig in tal van Europese landen zijn gebouwd, als antwoord op de naoorlogse woningnood. De lezing echter dat deze wijken te kampen hebben met leegstand, sociale problemen en isolement ten opzichte van de bestaande stad, is veel te simpel. Ze gaat in ieder geval voorbij aan de vitaliteit die in deze wijken ook aanwezig is en die in de volgende getuigenis treffend tot uiting komt. 'Mijn naam is Bill, ik woon op de negende verdieping van het flatbouw waar ik in 1967 ben komen wonen. Enige jaren geleden stierf mijn vrouw, ik word nu twee keer in de week verzorgd door een vrouw die drie flats verderop woont. Mijn vriend Wim woont aan de andere kant van de stad. Ik bel hem elke dag, zo weten we van elkaar of we nog in leven zijn. Ik zie nooit iemand. Om mensen te zien ga ik elke dag naar het winkelcentrum vlakbij. Ik hoop dat de gemeente eens iets doet aan de oversteekplaats.' De vraag is steeds hoe deze vitaliteit kan worden opgespoord en ingezet in het proces van vernieuwing van de stad.

Tussen de Europese landen bestaan aanzienlijke verschillen. De naoorlogse wijken in Nederland zijn volledig geplande gebieden die sterk verankerd zijn in de stedelijke structuur van die tijd. Deze wijken onderscheiden zich bovendien door het hoge voorzieningenniveau dat vanaf het begin aanwezig is en vaak ook nu nog intact is. In Frankrijk nemen de *grandes ensembles* vaak een geïsoleerde positie in de regio in. Door de instroom van migranten uit Noord-Afrika zijn ze uitgegroeid tot sociale getto's. Met de naoorlogse gebieden van de landen in het voormalige Oostblok is weer iets anders aan de hand. Tot aan de val van de Muur waren dit geliefde woongebieden waar professoren en arbeiders broederlijk zij aan zij woonden. Door de grote exodus die sindsdien op gang kwam, bezitten thans grote delen de status van 'spookstad'. Ook zijn er grote verschillen in aanpak tussen de landen te bespeuren. In Nederland is de

herstructurering van de naoorlogse wijken vooral een marktverhaal. De gebouwen voldoen in sociaal en fysiek opzicht niet meer en moeten daarom worden afgebroken. Sloop wordt als een onvermijdelijk proces gezien. Als je de bestaande woonkwaliteiten afzet tegen de nieuwe woonwensen, kan volgens Ruud Geelhoed, directeur van woningcorporatie Staedion in Den Haag, hooguit 5 tot 10 procent van de gebouwen worden behouden. Om het gewenste 'woonproduct' aan te bieden, zijn transformaties onvermijdelijk. Dit effect wordt versterkt door het groeiende gebrek aan draagvlak onder de voorzieningen in dit soort wijken. Volgens de Groningse wethouder Smink kan dit proces alleen worden gekeerd door een verdichting van de wijk, anders zal moeten worden teruggevallen op suburbane oplossingen.

Terwijl in Nederland het proces van stadsontwikkeling aanzienlijk wordt versneld, worden in Frankrijk andere prioriteiten gesteld. De mensen die in deze wijken wonen, leven in uitsluiting en zullen als er gesloopt gaat worden, gedwongen elders gaan wonen. Bovendien zijn wijken als in Grigny nauwelijks aangesloten op stedelijke netwerken. Het leven kent geen *way out*, zoals indringend getypeerd in de openingssequentie van de Franse film *La Haine*: 'Twee jongens springen van een flat en bij de vijfde verdieping aangekomen vraagt de een aan de ander: "Hoe gaat het". Waarop de ander antwoordt: "Tot nu toe goed".' De Franse architecten en stedenbouwkundigen zoomen sterk in op deze sociale problematiek. Sloop van de gebouwen is daarbij niet aan de orde. De vraag is veel meer hoe de wijk opnieuw kan worden verankerd in de stedelijke netwerken. Stedelijke attractoren, zoals een nieuw metrostation, moeten leven in de brouwerij brengen. In de tweede plaats schuiven de Franse architecten de vitaliteit in de wijken niet direct opzij ten gunste van de markt. Zo zijn de bewoners die hier al vanaf het begin wonen, meestal zeer tevreden met hun woning. Omgekeerd is de jeugdcultuur in deze wijken georiënteerd op de buitenruimte. Dit leidt tot

Senftenberg

believes that demolishing the flats and rebuilding new housing is not a solution. In view of the architectural quality, it is a complete and utter waste and totally the opposite of what is envisaged as sustainable development. And, said Sundman, if you demolish now and put back new housing, in twenty years' time you will be faced with exactly the same process again.

In this way, the "suburban challenge" (the central theme of Europan) is a complex matter. The contemporary city is not only characterised by district formation and inclusion within urban networks, but also through urban fluidity that washes over the cities in waves and changes them step by step. Living has thereby become a very complex issue, which was, in fact, anticipated years ago by Henry Lefebvre in the book *The Production of Space*. According to Lefebvre, a house is first and foremost stable and consists of rigid contours, as though it is a particle (an elementary constituent). It is the embodiment of immovability, possessing clear and unambiguous borders. The house can also be viewed as a wave that is transected from every point in every direction along every conceivable route by energy flows. The image of immovability is replaced by that of a complex amalgam of mobility such as visitors, water, electricity, and data flows.

Post-war districts
This complexity also characterises the post-war districts, the large ensembles that were built in the fifties and sixties in many Europan countries in response to the post-war housing shortage. The interpretation, however, that these districts are battling with low occupancy, social problems and isolation from the existing city is a far too simple view. It definitely ignores the vitality that is also present in these districts and that is expressed touchingly in the following testimony. "My name is Bill, I live on the ninth floor of the block of flats where I moved in 1967. My wife died some years ago, and three times a week a woman living three flats further down comes in to look after me. My friend Wim lives on the other side of the city. I call him every day, so we know whether the other is still alive. I never see anyone. To see other people,

I go every day to the shopping centre nearby. I hope that the council will eventually do something about the crossing." The question is always how to discover this vitality and utilise it in the process of renewing the city.

There are considerable differences between the European countries. The post-war districts in the Netherlands are fully-planned areas that are strongly rooted in the urban structure of those times. These districts are also distinctive, furthermore, due to their high level of facilities that were present from the very beginning and are mainly still intact. In France, the *grandes ensembles* often take on an isolated position in the region. The influx of immigrants from North Africa has meant that they have developed into social ghettos. But the post-war districts in the countries of the former Eastern bloc are a very different story. Until the Wall fell, they were popular residential areas where professors lived in brotherly friendship next to workers. The huge exodus that has since taken place means that large parts now have a "ghost town" status.

There are also considerable differences in the approach adopted by different countries. In the Netherlands, the restructuring of the post-war districts is largely market-related. The buildings are no longer acceptable in the physical or social sense and must therefore be demolished, which is seen as an unavoidable process. If you compare the existing housing quality to contemporary housing requirements, says Ruud Geelhoed, director of the Staedion housing corporation in The Hague, 5 to 10 per cent of the buildings at most can be retained. In order to offer the desired "housing product", transformation is unavoidable. This effect is reinforced by the growing lack of support among the facilities in this type of district. According to Alderman Smink of Groningen, this process can only be reversed by densification of the district, otherwise the only option will be to fall back on suburban solutions.

While, in the Netherlands, the process of urban development is being very much accelerated, in France the priorities are different. The people living in these districts are living in exclusion and will be

forced to live elsewhere if they are demolished. Furthermore, areas such as Grigny are barely connected to urban networks. Life knows no "way out", as is penetratingly characterised in the opening sequence of the French film "*La Haine*". "Two boys jump from a flat and having reached the fifth floor, one asks the other, 'How is it going?' to which the other replies, 'So far, so good'." The French architects and urban planners zoom in strongly on this social problem. Demolishing the buildings is not an option here. The question is far more how to incorporate the district again into the urban networks. It is hoped that urban attractors, such as a new metro station, will bring things back to life. Secondly, French architects do not push aside the vitality in the districts in favour of market forces. The residents who have been living here from the beginning are, in fact, usually very happy with their homes. On the other hand, the youth culture in these districts is very much orientated to the open spaces. This leads to a conflict between the desire for densification and the wish to retain the open space. In East German cities, however, densification is not an option. Instead, a lively district needs to be created with less of a city.

In view of the enormous range of Europan 7 sites and the very different housing formats that this entails, it will be no surprise that the role of architecture in these processes can also be extremely varied. In Dutch planning culture, the design is the medium whereby project development takes place. In France, the design is mainly utilised as mediation between the contrasting wishes of the residents and the options for doing something cohesive with them. Architecture focuses expressly on the social fabric and the wishes of the residents with regard to their living environment.

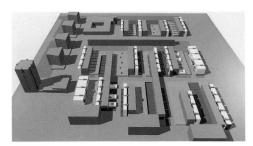

AA 000

BH 500

HM 124

conflicten tussen de wens tot verdichting en de wens de open ruimte juist open te houden. In Oost-Duitse steden is verdichting echter geen kwestie, maar moet met minder stad een boeiende wijk worden gemaakt.

Het zal gezien deze enorme bandbreedte aan Europan 7-locaties en de hiermee verbonden vormen van bewoning dan ook geen verbazing wekken dat daarmee ook de rol van architectuur in deze processen aanzienlijk kan verschillen. In de Nederlandse plancultuur is het ontwerp het medium waarin projectontwikkeling plaatsvindt. In Frankrijk wordt het ontwerp vooral ingezet als bemiddeling tussen de uiteenlopende wensen van de bewoners en de mogelijkheid hier op samenhangende wijze iets aan te doen. Architectuur richt zich nadrukkelijk op het sociale weefsel en de wensen van de bewoners ten aanzien van hun leefomgeving.

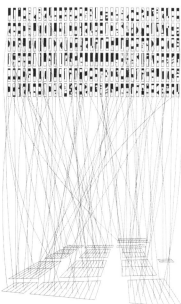

TR 802

Van beeld naar structuur

Nederlandse wijken lijken aanleiding te geven tot een grotere continuïteit. Deze wordt op verschillende schaalniveaus gezocht. De openbare ruimte, in de CIAM-strategieën dat deel van de wijken dat overbleef na uitleg van wijken, is dringend aan vernieuwing toe. Gezien het feit dat vaak kleine modificaties al voldoende zijn, spelen landschappelijke benaderingen hierbij een belangrijke rol. De Amsterdamse wijk Geuzenveld is door de meeste deelnemers benaderd als een modern project dat 'onvoltooid' is en dat verder kan worden gevoerd. De plannen laten de stedelijke structuur ongemoeid en grijpen in op de bebouwing. In Re-Animating Bakema (AA 000) worden de bestaande gebouwen niet gesloopt. Toevoegingen compliceren deze gebouwen. Eenzelfde strategie is gevolgd in Bloomhouse (BH 500), waarbij nieuwe gebouwen tegen de bestaande aan worden gebouwd en de laatste de buitenruimte voor de nieuwbouwwoningen vormen. In Cassius (TR 802) worden twijfels uitgesproken over de mogelijkheid om de bestaande gebouwen aan te passen aan de nieuwe manier van bewoning. In de transformatie van de wijk met behulp van huizen met tuinen is de bestaande structuur echter een belangrijk ijkpunt.

In de Franse context worden radicale voorstellen gedaan om delen van de openbare ruimte te privatiseren en het probleem van 'verloren ruimte' te tackelen. Op het gebied van het wonen gaat het om aanbieden van grote oppervlaktes en de menging met andere bestemmingen. Hiermee kan het draagvlak onder de verdere intensivering worden vergroot. In de Nederlandse situatie wordt met nieuwbouw meestal gemikt op het vasthouden en aantrekken van nieuwe doelgroepen. In Urban Landscape (HM 124) wordt de hoeveelheid openbaar groen in Zuidwijk als het ware gemaximaliseerd. Door de creatie van openbare parken krijgt de benaming wonen in het groen een geheel nieuwe connotatie. Het project Gardening the Garden City (ZW 003) gaat uit van drie noord-zuidcorridors, als uitdrukking van een nieuwe openbare ruimte. Deze drie strips vormen de

basis voor het programma van verdichting en differentiatie van Zuidwijk. Het project Nieuw Peil (RZ 003) onderscheidt zich door de geslaagde poging het gevraagde programma te combineren met de inzet het karakter van tuinstad te versterken.

In meer radicale strategieën, zoals Insula (DD 313), wordt met karaktervolle bebouwing een eigen horizon in de jarenzestigwijken gecreëerd. Deze benadering is door Hugo Hinsley omschreven als een shocktherapie. Ook Twister (XO 001) behoort tot deze categorie. Het voorstel bestaat uit een megastructuur in de vorm van een grootschalig blok, dat een flinke sloop veronderstelt. Stedelijke herstructurering is echter vooral een proces. Ingrepen op het niveau van de bebouwing hebben consequenties voor de stedelijke structuur en andersom. Zaak is dus een proces te ontwerpen waarin openbaar domein en woonruimte op elkaar betrokken in langzame stappen worden vernieuwd. In Urban Morphing (CH 026) worden addities gecombineerd met gedeeltelijke sloop. De bestaande bebouwing wordt gemengd wordt met nieuwe stedelijke typen. Dit leidt tot hybride clusters waarin tal van combinaties mogelijk zijn. In deze benadering is de stedelijke structuur de strategie achter de gebouwen. De impact van deze strategie die op het eerste gezicht tot nauwelijks waarneembare veranderingen leidt, is enorm.

ZW 003

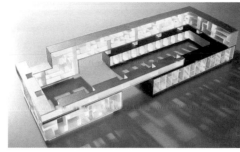

CH 026

From image to structure
Dutch districts seem to lend themselves to greater continuity. This is sought on different levels. The public space, that part of the districts that, in the CIAM strategies, was left over after the districts had been laid out, is in urgent need of regeneration. As small modifications are often sufficient, landscape-based approaches play a significant role here. The Amsterdam district of Geuzenveld was approached by most of the participants as a modern project that is "incomplete" and that can be taken further. The plans allow the urban structure to remain undisturbed, and intervene at the building level. In Re-Animating Bakema (AA 000) the existing buildings are not demolished. Additions complicate these buildings. The same strategy is followed in Bloomhouse (BH 500) in which new buildings are built up against the existing ones and the latter form the open area for the new development. In Cassius (TR 802), doubts are expressed about the possibility of adapting the existing buildings to the new way of housing. In transforming the district with the help of housing with gardens, however, the existing structure represents an important calibration point.

In the French context, radical proposals are made to privatise parts of the public space and to tackle the problem of "lost space". In the field of housing, this involves offering large areas, and combining various different allocations. This allows for an increase in the basis for further intensification. In the Dutch situation, new development is usually aimed at attracting and retaining new target groups. In Urban Landscape (HM 124) the amount of public green space in Zuidwijk has been maximised, as it were. By creating public parks, the term "green living" has acquired an entirely new connotation. The Gardening the Garden City project (ZW 003) is based on three north-south corridors, expressing a new public space. These three strips form the basis for the densification and differentiation programme of Zuidwijk. The Nieuw Peil project (RZ 003) is distinctive due to its successful attempt at combining the required programme with the intention of reinforcing the garden city character.

In more radical strategies such as Insula (DD 313), buildings with character create their own horizon in the districts from the sixties. This approach is described by Hugo Hinsley as shock therapy. Also in this category is Twister (XO 001). The proposal consists of a mega-structure in the form of a large-scale block that pre-supposes large-scale demolition. Urban restructuring, however, is mainly a process. Intervention at the building level has consequences for the urban structure, and vice versa. The trick is, therefore, to develop a process in which public domain and housing areas are regenerated in slow steps and in mutual coordination. In Urban Morphing (CH 026) additions are combined with new urban types that lead to hybrid clusters in which a large number of combinations are possible. In this approach the urban structure is the strategy underlying the buildings. The impact of this strategy, which leads to what are initially almost imperceptible changes, is huge.

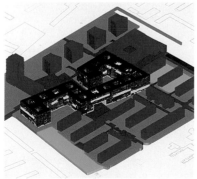

DD 313

XO 001

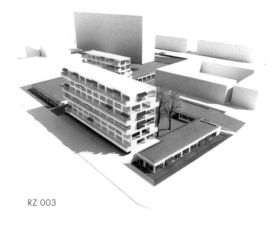

RZ 003

Geselecteerde plannen voor het Forum van jury's en steden

Amsterdam

AA 000 Re-animating Bakema
Martin Groenesteijn NL 1968
Albert Luijk NL 1965
Arjan Scheer NL 1973

In plaats van radicale sloop en nieuwbouw
wordt een strategie voorgesteld om het gebied
door chirurgische ingrepen in de vorm van
toevoegingen geleidelijk te transformeren.
Daarmee stelt het plan op een intelligente
manier het omgaan met het erfgoed uit de jaren
vijftig ter discussie. Het voorstel concentreert zich
op de strategie, de architectonische uitwerking
komt niet goed uit de verf.

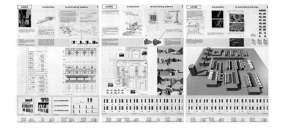

AR 389 Not Too Old
Ramon Knoester NL 1975
Ana Maria Francisco P 1978

Het voorstel komt tegemoet aan belangrijke
maatschappelijke behoeften. Er wordt een
groot complex voor ouderen toegevoegd en om
tegemoet te komen aan de blijvende vraag naar
goedkope woningen, blijft 63 procent van de
woningen gehandhaafd. De nieuwbouw wordt
aangegrepen voor een beter onderscheid tussen
openbare en privé-buitenruimte. Hiertoe worden
de bestaande schijven 'dichtgezet', zodat
gesloten blokken ontstaan. Dat laatste kan
overigens ook worden gezien als een stap terug.

Amsterdam

AA 000 Re-animating Bakema
Martin Groenesteijn NL 1968
Albert Luijk NL 1965
Arjan Scheer NL 1973

Instead of radical demolition and new development, a strategy is proposed to gradually transform
the area by means of surgical interventions in the
form of additions. In this way the plan intelligently
calls into question the way in which we deal with
our heritage from the fifties. The proposal
concentrates on the strategy, the architectural
elaboration does not live up to its promise.

AR 389 Not Too Old
Ramon Knoester NL 1975
Ana Maria Francisco P 1978

The proposal meets with important social
requirements. A large complex for the elderly is
added in order to meet the permanent demand for
inexpensive housing, sixty-three per cent of the
housing units are retained. The new development
is seized upon for a clearer distinction between
public and private space. To this end the existing
slabs are "closed", thus creating closed blocks.
This last point can also be seen as a step
backward.

Plans selected for the Towns and Juries Forum

BY 125 Weaving
Yuri Werner D 1971

Het plan berust op een nieuwe invulling van het begrip sociale woningbouw. Het verwijst hier niet naar goedkoop, maar naar het mengen van verschillende soorten huishoudens die alle tot de middenklasse kunnen worden gerekend: alleenstaanden, gezinnen, stellen, studenten, ouderen, etc. Om deze en andere componenten ruimtelijk en functioneel te mengen, wordt de metafoor van het weven gebruikt. Meer dan de meeste andere inzendingen gaat dit voorstel over mensen en hun relatie tot de stad en de omgeving.

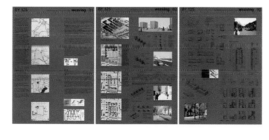

BY 125 Weaving
Yuri Werner D 1971

The plan is based on a new interpretation of the concept of social housing. Here, it does not relate to cheap - but to the mixture of various sorts of households that can all be counted as middle-class: people living on their own, families, couples, students, the elderly etc. In order to mix these and other components spatially and functionally, the metaphor of weaving is used. More than most of the other entries, this proposal concerns people and their relationship with the city and the environment.

CC 333 Interzone
Illja Vukorep D 1970
Jens Richter D 1977
Bernd Jaeger D 1973

Dit avontuurlijke landschap betekent een volledige breuk met het oorspronkelijke patroon dat berust op herhaling. Het invoegen van een Fremdkörper kan de aanzet zijn voor een verdergaande transformatie. Het plan zou dan ook een even effectieve als uitdagende katalysator kunnen zijn. Een openbare ruimte waar specifieke bestemmingen achterwege blijven, is een integraal onderdeel van het concept, maar wordt in de presentatie nogal suggestief tot leven gebracht.

CC 333 Interzone
Illja Vukorep D 1970
Jens Richter D 1977
Bernd Jaeger D 1973

This adventurous landscape means a total break with its original pattern that is based on repetition. The incorporation of a *Fremdkörper* can incite far-reaching transformation. The plan would then be as effective as a challenging catalyst can be. A public space where specific uses are omitted is an integral part of the concept, but is brought to life somewhat suggestively in the presentation.

DD 313 Insula
Michel van Gageldonk NL 1973
Frank van Oort NL 1969
Martijn Coppoolse NL 1974

De waarde van het plan zit hem vooral in de
karaktervolle, stedelijke architectuur van het
blok. Wel is het, mede daardoor, nogal autonoom en trekt het zich weinig aan van zijn
omgeving. Voor sommige juryleden is dat een
tekortkoming, anderen menen dat zo'n krachtig
beeld eigenlijk geen context nodig heeft.

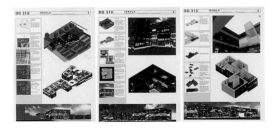

DD 313 Insula
Michel van Gageldonk NL 1973
Frank van Oort NL 1969
Martijn Coppoolse NL 1974

The plan's merit lies mainly in the distinctive,
urban architecture of the block. This does make
it rather autonomous and it takes little notice of
its surroundings. For some jury members this a
shortcoming, others believe that such a forceful
image needs no context.

GS 222 Try my Play
Jose Selgas E 1965

Het plan is serieuzer en beter uitgewerkt dan
men op het eerste gezicht zou vermoeden.
Het verraadt vakbekwaamheid en kennis van
'klassiekers' van decennia geleden. Maar dat
verleden leert ook dat de discussies die zulke
voorstellen oproepen doorgaans marginaal
blijven. Het grootste bezwaar is dat elke relatie
met de locatie – en zelfs elke relatie met de stad
– lijkt te ontbreken. Het zou evengoed in een
verlaten bos kunnen worden gebouwd.

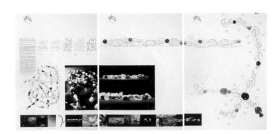

GS 222 Try my Play
Jose Selgas E 1965

The plan is more serious and better elaborated
than you would suspect at first sight. It betrays
professional skill and knowledge of "classics".
But that past has also taught us that the discussions
that such proposals evoke generally remain
marginal. The greatest objection is that any
relationship with the site – and even any relationship with the city – seem to be absent. It could just
as easily be built in a deserted forest.

IH 200 Interior Horizon
Vincent de Graaf NL 1970
Florian Boer NL 1969
Wendy Saunders B 1972

Een deel van de bestaande flats wordt met
nieuwe woongebouwen samengebracht in
nieuwe ensembles van verschillende formaten.
Omdat elk ensemble zijn eigen infrastructuur
organiseert, kan van de tussenliggende ruimten
een doorlopende groenstructuur worden
gemaakt. Hierdoor doorbreekt het ontwerp de
rigide verkaveling. De jury vraagt zich af of de
groenstroken tussen de ensembles niet te smal
zijn geworden.

IH 200 Interior Horizon
Vincent de Graaf NL 1970
Florian Boer NL 1969
Wendy Saunders B 1972

Some of the existing blocks of flats, together with
new housing blocks, are brought together in new
ensembles of varying sizes. Because each
ensemble organises its own infrastructure, the
intervening spaces can be made into an unbroken
green structure. In this way the design breaks
through the rigid parcelisation. The jury wonders
whether the green strips between the *ensembles*
have not become too narrow.

KA 100 Wild Wild West
Bart Aptroot NL 1972
Joachim Karelse NL 1971

De vernieuwing van de buitenwijk wordt aange-grepen om het rigide karakter ervan te door-breken en ruimte te geven aan meer spontane vormen van gebruik. De invulling van de open-bare ruimte wordt goeddeels overgelaten aan de bewoners; er is slechts voorzien in een elementaire infrastructuur. De goed geproportio-neerde blokken zijn losjes gerangschikt aan de hand van een schaakbordpatroon. De woningen zijn opgevat als hybriden van grondgebonden woningen en appartementen.

KA 100 Wild Wild West
Bart Aptroot NL 1972
Joachim Karelse NL 1971

The regeneration of the suburb is seized upon to break through its rigid character and to give space to more spontaneous forms of use. The infill of the public space is to a large extent left to the inhabitants; only an elementary infrastructure is provided. The well proportioned blocks are loosely arranged on the basis of a chessboard pattern. The housing units are conceived as hybrids of ground-level housing units and flats.

XO 001 Twister
Eddy Joaquim P 1975

Schaamteloos formalisme of een helder plan met aantrekkelijke binnenhoven die precies de goede schaal hebben? Opvallend is in ieder geval de differentiatie van de open en omsloten hoven, wat een mooi contrast oplevert. Het plan vereist een goed landschapsontwerp. De vraag blijft waarom op deze locatie voor een zo grootschalige superstructuur wordt gekozen.

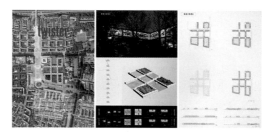

XO 001 Twister
Eddy Joaquim P 1975

Shameless formalism or a crystal-clear plan with attractive inner courtyards on exactly the right scale? Whatever the case, the differentiation of the open and closed courtyards is striking and it creates a splendid contrast. The plan requires a good landscape design. The question remains as to why such a large-scale super-structure has been chosen for this location.

Den Haag

The Hague

KV 005 Eigen Groen in Zuid-West
Marco Broekman NL 1973
Leon Emmen NL 1969
Maarten Lankester NL 1968
Sebastien Penfornis F 1973
Dagmar Keim D 1970

Het plan neemt het groene karakter van Morgen-stond niet alleen tot uitgangspunt, het versterkt het nog eens met 'extra groene ruimtes op de grens van binnen en buiten' (in de vorm van veranda's en balkons). Zo is de buitenruimte als het ware in de woonblokken getrokken en is de relatie tussen de woning en de buitenruimte de basis voor een bijzonder type woning. De ondiepe varianten zijn opmerkelijk transparant; wel zijn er zorgen over de privacy.

KV 005 Eigen Groen in Zuid-West
Marco Broekman NL 1973
Leon Emmen NL 1969
Maarten Lankester NL 1968
Sebastien Penfornis F 1973
Dagmar Keim D 1970

The plan not only takes the green character of Morgenstond as its point of departure, it reinforces it with "extra green spaces on the border of the interior and the exterior" (in the form of verandas and balconies). In this way the exterior space is drawn into the residential blocks and the relationship between the housing and the exterior space forms the basis for an extraordinary type of housing. The shallow variants are remarkably transparent; there are concerns about privacy.

KV 777 Able Cells
Joaquín López Vaamonde E 1965

Met een kleine ingreep – een lichte verdraaiing – wordt langs de Dedemsvaartweg een mooi resultaat bereikt. Achter het spel van gebouwen tussen ruimten, en ruimte tussen gebouwen, schuilt een radicale afwijzing van het gesloten bouwblok. Het basiselement is een eenvoudige 'cel', die in verschillende combinaties kan worden toegepast op de meest complexe situaties. Door de gevels 'organisch' te maken, krijgt het landschap de kans de gebouwen te overwoekeren.

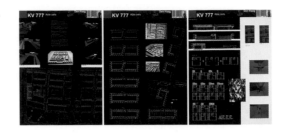

KV 777 Able Cells
Joaquín López Vaamonde E 1965

A small intervention - a slight twist - creates a good result along Dedemsvaartweg. Behind the game of buildings between spaces and spaces between buildings, hides a radical rejection of the closed building block. The basic element is a simple "cell" that can be applied in varying combinations in the most complex situations. By making the facades "organic", the landscape is given the opportunity of overrunning the buildings.

SM 001 The Greenhouse Effect
Marianne Miguel F 1963
Sylke Gloystein D 1973
Marc Joubert D 1971

Een pragmatisch plan waarin voor het gesloten bouwblok een zekere speelsheid wordt geïntroduceerd, zowel door de slingerende vorm als door de inpandige privé-tuinen. Een opvallend element is de ontsluiting van de portieken: niet alleen vanaf de straat, maar ook vanuit de parkeergarages en de binnentuin. Met zeven meter zijn de woningen opvallend ondiep.

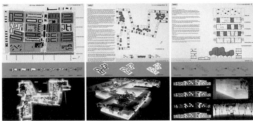

SM 001 The Greenhouse Effect
Marianne Miguel F 1963
Sylke Gloystein D 1973
Marc Joubert D 1971

A pragmatic plan in which a certain playfulness is introduced for the closed block by means of the winding form and the integral private gardens. The accessing of the doorway is a striking element: not only from the road, but also from the car park and the courtyard garden. The seven metres make the housing conspicuously shallow.

WZ 093 Unblocked
Marijn Schenk NL 1973
John van de Water NL 1974
Bart Reuser NL 1972
Michel Schreinemachers NL 1973

Het uitgewerkte bouwblok is in verschillende opzichten interessant. Het verschuiven van de woonlagen ten opzichte van elkaar is een adequaat instrument voor differentiatie. Er ontstaat een mooi contrast tussen de robuuste, stedelijke buitenkant van het blok en de meer gedifferentieerde en kleinschalige binnenkant. Daarbij wekt het blok, met zijn ingenieuze stelsel van daktuinen, een gevoel van vrijheid op. De rest van de locatie maakt een gefragmenteerde indruk.

WZ 093 Unblocked
Marijn Schenk NL 1973
John van de Water NL 1974
Bart Reuser NL 1972
Michel Schreinemachers NL 1973

The elaborated housing block is interesting in various respects. The shifting of the storeys with respect to each other is an effective instrument for differentiation. It creates a striking contrast between the robust, urban exterior of the block and the more differentiated and small-scale interior. The block arouses a sense of freedom with its ingenious system of roof gardens. The rest of the site makes a fragmented impression.

Hengelo

HL 225 Hengelofts
Claudia Schmidt D 1969
Annett Arndt D 1977

Een stedelijk woningtype is in een haast dorps-
achtige context geplaatst. Het heldere en
neutrale woningtype, dat rechtstreeks lijkt te
zijn ontleend aan de typologie van kantoren, is
verrassend generiek. Ook het weinig traditionele
portiek wordt geprezen. Er zijn juryleden die de
architectuur banaal vinden en de oriëntatie van
de blokken ongelukkig.

KB 301 Par3
Roel ten Bras NL 1964
Patrick Koschuch NL 1970

Door een mooie en adequate stedenbouwkundige compositie heeft de voorgestelde
(enigszins verdiepte) parkzone langs de beek
royaal de ruimte. Op een elegante manier wordt
met losse blokken een helder, continu straatprofiel tot stand gebracht. De plattegronden
zijn goed, de schaal is op zijn plaats. De nogal
banale architectuur stelt sommigen teleur.

TH 246 Sub-urban Carpet
Heiner Probst D 1971

De ontwikkeling van een bijzonder woningtype
is aangegrepen om een helder patroon tot stand
te brengen. Door de ontsluitingsstraten te integreren in de bebouwing, wordt een uitgesproken
stedelijke dichtheid bereikt. Het elimineren van
een deel van de beek is echter onaanvaardbaar.

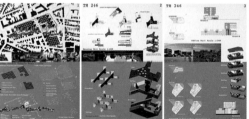

VX 304 Deels Geheel
Geert Vennix NL 1971
Frederik Vermeesch B 1976
Thomas Bedaux NL 1973

Door het plangebied in te vullen met
'monolieten' die aansluiten op de grote
gebouwen in de omgeving, waartussen het
'debris' woekert, speelt het ontwerp een mooi
spel met verschillende schaalniveaus. De
beekvallei is aangegrepen om het gebied een
aantrekkelijke groene structuur te geven. De
mews als openbare ruimte zijn problematisch.

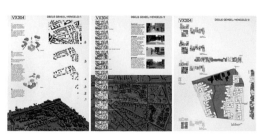

Hengelo

HL 225 Hengelofts
Claudia Schmidt D 1969
Annett Arndt D 1977

An urban housing type placed in an almost village-
like context. The clear and neutral housing type,
that seems to derive straight from the typology
of offices, is surprisingly generic. And the untradi-
tional doorway is also praised. Some members
of the jury consider the architecture banal and
the orientation of the blocks ill-chosen.

KB 301 Par3
Roel ten Bras NL 1964
Patrick Koschuch NL 1970

Thanks to a beautiful and effective urban
composition the proposed (slightly sunken) park
zone along the brook has ample space. The
separate blocks create a clear, continuous street
profile in an elegant way. The floor plans are good,
the scale is correct. The architecture, however, is
disappointing for some jury members.

TH 246 Sub-urban Carpet
Heiner Probst D 1971

The development of an exceptional housing
type is seized upon to create a clear pattern. By
integrating the access roads in the development,
a pronounced urban density is achieved. The
elimination of part of the brook, however, is
unacceptable.

VX 304 Deels Geheel
Geert Vennix NL 1971
Frederik Vermeesch B 1976
Thomas Bedaux NL 1973

By filling the intervention area with "monoliths" that
link up with the large buildings in the vicinity,
between which the "debris" proliferates, the design
plays a merry game with the various scale levels.
The brook valley is seized upon to give the area
an attractive green structure. The mews being
public space are thought to be problematic.

Rotterdam

EB 100 '...Add'
Thomas Mahlknecht I 1972

Compacte en nauwkeurige toevoegingen maken
Zuidwijk stedelijker zonder dat dit ten koste gaat
van de bestaande context en structuur. Door
gericht voorzieningen toe te voegen, wordt de
complexiteit van het gebied opgevoerd. Er zijn
twijfels over de uiteindelijke interventies. Het
slopen van bestaande gebouwen doet enige
afbreuk aan de kracht van het overigens heldere
en eenvoudige concept.

GK 421 Connecting – collecting
Michiel Dehandschutter B 1979
Hans Janssen B 1979
Yuri Gerrits B 1979
Roeland Joosten B 1979

Een strategisch voorstel dat binnen de oorspronkelijke structuur van Zuidwijk nieuwe relaties
tussen elementen aanbrengt, zodat de rigide
ruimtelijke hiërarchie wordt doorbroken. De
verrassende organisatie gaat verder dan het
stapelen van woningen. De dijkzone is op het
eerste gezicht inderdaad de 'membraam' die de
woonwijk in contact brengt met het toekomstige
park in het zuiden; bij nadere beschouwing zou
het in die relatie wel eens een obstakel kunnen
zijn.

II 111 The Future is Ours
Jessica Hammarlund Bergmann S 1974
Victor Leurs NL 1972
Michl Sommer D 1971
Gilles Trevetin F 1975

Wie ouder wordt, is vaak gedwongen zijn individuele leefstijl in te ruilen voor de collectiviteit van
het seniorencomplex. Als alternatief hiervoor
wordt een combinatie voorgesteld van gemeenschappelijke voorzieningen en woningen die de
individualiteit benadrukken. Die krijgt vorm in het
icoon van het archetypische huis. In de jury zijn
de meningen verdeeld. Sommigen kenschetsen
het als oppervlakkig, anderen treffen hier de
humor en de provocatie aan die in de andere
Europan-inzendingen worden gemist.

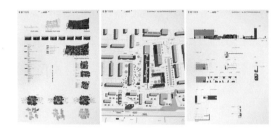

Rotterdam

EB 100 '...Add'
Thomas Mahlknecht I 1972

Compact and careful additions make Zuidwijk
more urban without detriment to the existing
context and structure. The complexity of the area
is raised by adding targeted facilities. There are
doubts about the eventual interventions. The
demolition of the existing buildings does detract
somewhat from the force of the otherwise clear
and simple concept.

GK 421 Connecting – collecting
Michiel Dehandschutter B 1979
Hans Janssen B 1979
Yuri Gerrits B 1979
Roeland Joosten B 1979

A strategic proposal that introduces new elements
to Zuidwijk within the original structure, thus
breaking through the rigid spatial hierarchy.
The surprising organisation goes further than the
stacking of housing. At first sight the dike zone
does indeed form the "membrane" that brings the
housing district into contact with the future park in
the south; upon further consideration this might be
an obstacle in this context.

II 111 The Future is Ours
Jessica Hammarlund Bergmann S 1974
Victor Leurs NL 1972
Michl Sommer D 1971
Gilles Trevetin F 1975

The elderly are often forced to exchange their
individual lifestyle for the collectivism of housing for
the elderly. As an alternative to this a combination
of communal facilities and housing is proposed
that lends emphasis to individuality. This is given
form in the icon of the archetypal house. Opinions
differ in the jury. Some members define it as
superficial, others discover the humour and the
provocation that the other Europan entries lack.

OO 000
Framing Peripheral Realities
Eva Franch i Gilabert E 1978

Het voorstel bevat diverse fascinerende elementen. Centraal staat het begrip van framing. Oudere bewoners die lijden aan dementie – en wier handelen niet meer wordt geleid door een doel of bestemming – kunnen in hun woning eindeloos hun ronde blijven gaan. Veel blijft echter onopgehelderd, zoals de vraag of het concept hanteerbare en werkzame oplossingen zal voortbrengen.

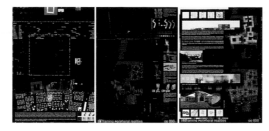

OO 000
Framing Peripheral Realities
Eva Franch i Gilabert E 1978

The proposal comprises various fascinating elements. The concept of framing is central. Older inhabitants suffering from dementia – those whose actions are not prompted by an objective or a destination – can continue to make their endless rounds within their housing unit. However a great deal remains unresolved such as the question as to whether the concept will generate manageable and effective solutions.

TR 818
Pietro Caviglia CH 1970
Reto Karrer CH 1970
Raffaela D'Acunto CH 1965

De nieuwbouw voegt zich op een natuurlijke manier in de locatie, waarbij flink wat ruimte overblijft voor het groen. De keerzijde is een schijf die met tien woonlagen wel erg groot is geworden. Hoewel de architectuur nog niet is uitgewerkt, doemt een sterk expressief beeld op. Een interessant aspect is de herintroductie van de collectieve ruimte in de vorm van piazza's op elke verdieping.

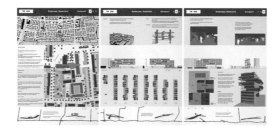

TR 818
Pietro Caviglia CH 1970
Reto Karrer CH 1970
Raffaela D'Acunto CH 1965

The new development merges into the site in a natural way leaving plenty of space for green areas. The drawback is a slab that, with its ten storeys, becomes very dominant. Although the architecture has yet to be elaborated, an expressive image is evident. An interesting aspect is the reintroduction of the collective space in the form of piazzas on each storey.

ZW 003
Gardening the Garden City
Paul van der Voort NL 1967
Jacqueline Lehmann D 1973
Catherine Visser NL 1966
Daan Bakker NL 1968
Andreas Müller D 1970

Het plan voorziet in strategische interventies in de bestaande ruimtelijke structuur, in plaats van een allesomvattende transformatie die een even eenvormig beeld oplevert als in de oude situatie. Het resulteert in een voorstel voor een nieuw complex woningen dat via een verdiepte corridor is verbonden met het huidige verzorgingshuis.

ZW 003
Gardening the Garden City
Paul van der Voort NL 1967
Jacqueline Lehmann D 1973
Catherine Visser NL 1966
Daan Bakker NL 1968
Andreas Müller D 1970

The plan foresees strategic interventions in the existing spatial structure, instead of an all-embracing transformation that would result in just the same monotony as in the old situation. It results in a proposal for a new housing complex that is connected to the existing nursing home via a sunken corridor.

De jurering van Europan 7

Emmie Vos De jurering van de 168 inzendingen voor de Nederlandse locaties van Europan 7 was minder intensief dan die van de afgelopen drie prijsvraagronden. Hoewel het aantal inzendingen per locatie even groot was als in de afgelopen prijsvraagronden, waren er dit keer vier in plaats van vijf locaties beschikbaar voor de deelnemende architecten. De totale jurering duurde daardoor een dag korter.

Voorafgaand aan de jurering heeft een commissie bestaande uit Hans Heijdeman, Mathias Lehner en Marius van den Wildenberg – alledrie actief in een van de lokale architectuurcentra – alle inzendingen geanalyseerd. De resultaten van deze analyse zijn ter beschikking gesteld aan de jury toen de jurering begon. Mathias Lehner was ook bij de eerste stap van de jurering aanwezig om de jury ervoor te behoeden dat ze plannen zou laten afvallen zonder alle details te hebben gezien.

Op donderdag 18 september 2003 verzamelden alle juryleden zich 's morgens in het Nederlands Architectuurinstituut, waar ze met elkaar kennismaakten en waar Europan-voorzitter Bert van Meggelen hen voorzag van peptalk.

De eerste rit met de bus ging naar Zuidwijk, waar de locatie in Rotterdam is gelegen. In het verzorgingscomplex op de planlocatie van Europan werd de jury ontvangen door woning-corporatie Vestia Rotterdam Zuid, de deel-gemeente en de gemeentelijke stedenbouw-kundige. De jury kreeg uitleg over de locatie en de problemen die waren voorgelegd aan de deelnemende architecten. Hierna werd de locatie bezocht, er werd gewandeld langs de groene zuidgrens van Zuidwijk en het sportveld naast het verzorgingscomplex werd bekeken. Terug in de ontvangstruimte stond er een lunch-buffet klaar en vertelde een van de locatie-vertegenwoordigers over hun indruk van de inzendingen, die door alle betrokken partijen waren bestudeerd.

Vervolgens was het tijd om naar Den Haag te gaan, waar de jury werd ontvangen op het kantoor van woningcorporatie Staedion. Ook hier waren alle partijen vertegenwoordigd: de corporaties in het gebied en de gemeente, ook hier kreeg de jury uitleg over de locatie en de opgave en werd ingegaan op het soort oplos-singen dat in de inzendingen werd gegeven, waarna de bus de jury naar de locatie bracht. Geïnteresseerd wandelden de juryleden door Morgenstond-Midden.

Het was al later in de middag toen de bus naar Amsterdam reed, waar de ontvangst plaatsvond bij Far West, de organisatie van drie corporaties die de vernieuwing van de Westelijke Tuinsteden leidt. De stedenbouw-kundige van het stadsdeel was eveneens aan-wezig. Na de uitleg van locatie en opgave bracht de bus de jury naar de locatie, die in feite aan de andere kant van de Westelijke Tuinsteden ligt. De zon stond al laag toen de (van alle indrukken en van de uitzonderlijke warmte inmiddels vermoeide) juryleden in de bus stapten voor de reis naar het oosten van het land. Na een diner in Twello bij Deventer arriveerden de juryleden tegen middernacht in het Hengelose hotel waar ze een aantal nachten zouden doorbrengen.

De volgende morgen werd de jury al vroeg in het monumentale gemeentehuis ontvangen door de vertegenwoordigers van de locatie in Hengelo, waar hetzelfde programma als bij de vorige locaties werd gevolgd. De jury was positief onder de indruk van Hengelo, 'een stad die is opgebouwd uit incidenten'.

De eerste stap van de jurering vond plaats in een voormalig schoolgebouw van de Stork-fabriek, dat op dat moment werd verbouwd voor de huisvesting van HEIM, de stichting die zich bezighoudt met het industriële erfgoed van de streek.

In de eerste ronde bekeken de juryleden individueel alle inzendingen. Zij konden met plakkertjes aangeven welke plannen zij nader wilden bespreken. Tussendoor konden zij zich te goed doen aan een lunchbuffet. Aan het einde van de middag startte de eigenlijke jurering. Alle plannen werden bekeken en besproken. Van de 82 inzendingen zonder plakkertjes werd besloten

dat deze afvielen. De besprekingen werden onderbroken voor een diner in het pittoreske tuindorp. Bij de sterke halogeenlampen, die veel warmte verspreidden, is tot laat in de avond doorgewerkt; het was weer tegen middernacht toen de juryleden op deze vrijdagavond bij het hotel aankwamen.

Besloten was op zaterdag de 20e vroeg te beginnen, immers de Nederlandse juryleden wilden graag die dag nog naar huis. De jury-voorzitter vroeg de juryleden om, met de discussies van de vorige dag in het hoofd, nu met plakkertjes aan te geven welke plannen zij dusdanig bijzonder vonden dat ze in de selectie voor het internationale Forum van Jury's en Steden moesten worden opgenomen. Het was de bedoeling dat maximaal twintig procent van de inzendingen zou worden geselecteerd voor het forum, dat in november in Graz zou plaats-vinden. Per locatie werden alle plannen nagelopen en intensief besproken, waarna 55 plannen afvielen. Hiermee waren uiteindelijk 34 inzendingen, precies 20 procent, voor het forum geselecteerd. Aan het eind van de middag van deze laatste juringsdag in Nederland gingen sommige juryleden moe, maar wel voldaan naar hun gezin terug. Anderen vertrokken pas huiswaarts nadat ze wat hadden gegeten.

Het internationale Forum van Jury's en Steden vond plaats op 14 en 15 november 2003 in de Grazer Stadthalle, een gebouw van de hand van de Oostenrijkse Europan-voorzitter Klaus Kada. Vanuit alle Europan 7-landen kwamen vertegenwoordigers van locaties en juryleden bijeen om naar aanleiding van de in alle jury's geselecteerde plannen te debatteren over de problematiek die aan de orde wordt gesteld met het thema 'nieuw leven in de suburb' – 'suburban challenge'. Vanuit Nederland waren de locaties goed vertegenwoordigd en ook de gehele jury was aanwezig.

De eerste dag vonden de discussies simultaan plaats in zeventien werkgroepen waarin ver-tegenwoordigers van steden met vergelijkbare

The adjudication of Europan 7

v.l.n.r. Enno Zuidema, Esa Laaksonen, Reinier de Graaf, Willem Smink, Maike van Stiphout, Karin Laglas, Joan Roíg, Maarten Kloos, Sabien de Kleijn, Ineke Bakker

from left to right: Enno Zuidema, Esa Laaksonen, Reinier de Graaf, Willem Smink, Maike van Stiphout, Karin Laglas, Joan Roíg, Maarten Kloos, Sabien de Kleijn, Ineke Bakker

Emmie Vos The adjudication of the 168 entries for the Dutch sites for Europan 7 was less intensive that those of the previous three competition rounds. Although the number of entries per site was the same as in the previous rounds, this time four instead of five sites were available for the participating architects. This meant that the adjudication took a day less.

Prior to the adjudication a committee comprising Hans Heijdeman, Mathias Lehner and Marius van den Wildenberg – all three active in one of the local architecture centres – analysed all the entries. The results of this analysis were made available to the jury before they began the

adjudication. Mathias Lehner was also present at the first stage of the adjudication to guard against the jury rejecting plans without having considered all the details.

On the morning of Thursday 18 September 2003 all the members of the jury gathered in the Nederlands Architecture Institute, where they became acquainted with each other and listened to a pep talk by Bert van Meggelen, Europan Chairman.

The first trip with the coach was to Zuidwijk, where the site in Rotterdam is located. The Europan jury was received by Vestia Rotterdam Zuid housing association, the sub-municipality and

the municipal urban planner, in a nursing home on the intervention area. The jury was given an explanation of the site and the problems that were put before the participating architects. They then visited the site, walked along the green southern boundary of Zuidwijk and examined the sports field next to the nursing home. Back in the reception room a buffet lunch awaited them and one of the site representatives reported on their impression of the entries that were studied by all the parties concerned.

It was then time to visit The Hague, where the jury was received in the offices of Staedion housing corporation. Here, too, all the parties were represented: the corporation in the area and

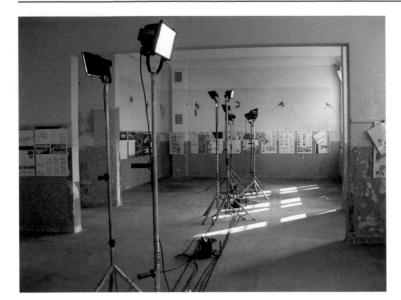 

locaties uit diverse landen bijeenzaten. Zo waren de locaties in Amsterdam, Rotterdam en Den Haag in een werkgroep ingedeeld met het Franse Grigny onder het thema 'revitalising overplanned housing development'. Er werd gesproken over 'change versus heritage preservation'.

Hengelo zat samen met Graz (A), Kristianstad (S) en Villeurbanne (F) in een werkgroep waarin onder het thema 'considering residential fragments' werd gesproken over 'opening the fragment to the city'. In de werkgroepen vormden de afbeeldingen van de geselecteerde inzendingen van de betreffende locaties de leidraad voor het gesprek. Ook een aantal juryleden was een rol toebedeeld in de werkgroepen, zij werden ingezet als deskundigen.

De tweede dag werden de resultaten van de werkgroepen in zes clusters plenair gerapporteerd. Elk van de rapportages begon met een inleiding van een van de leden van de internationale *Research Committee*, waarna de voorzitters van de betreffende werkgroepen daarop ingingen.

Deze dag ging ook de jury voor de Nederlandse locaties weer aan het werk. Er vond gedurende een aantal uren een 'opfriscursus' plaats, waarin alle geselecteerde plannen de revue passeerden.

's Zondags stond er op het programma van het forum een excursie gepland, maar de jury voor de Nederlandse locaties werkte die dag aan de tweede stap, de finale van de jurering. Per locatie moesten de juryleden aangeven welke plannen volgens hen in aanmerking kwam voor een eerste prijs, een tweede prijs of een bijzondere vermelding. Dit leidde uiteraard tot soms felle uitspraken in de discussies, maar ten slotte was iedereen het erover eens welke

inzendingen op welke wijze onderscheiden moesten worden. Uit de plannen voor Amsterdam werd een eerste prijs en een bijzondere vermelding geselecteerd. In Den Haag werden drie inzendingen onderscheiden: een eerste prijs, een tweede prijs en een bijzondere vermelding. In de Rotterdamse plannen vond de jury een eerste prijs en een bijzondere vermelding. Voor de locatie in Hengelo ten slotte, wees de jury een eerste prijs, twee tweede prijzen en een bijzondere vermelding aan. Aan het einde van de middag kon de voorzitter van de jury overgaan tot het openen van de enveloppen, waarmee de namen van de auteurs van de winnende plannen werden onthuld.

De verrassing was groot toen bleek dat twee van de vier eersteprijswinnaars ook voor Europan 6 een eerste prijs toegekend hadden gekregen. De constatering was dan ook dat kwaliteit altijd komt bovendrijven.

Om een uur of elf 's avonds landde het vliegtuig dat de Nederlandse juryleden terugbracht op Schiphol. Wederom moe, maar zeker voldaan kon de jury huiswaarts keren om de volgende dag weer gewoon aan het werk te gaan.

the municipality. The site and the assignment were explained to the jury and the solutions put forward in the entries were discussed, whereupon the coach took them to the site. The members of the jury demonstrated their interest as they walked around Morgenstond-Midden.

Later in the afternoon they took the coach to Amsterdam where they were received by Far West, an organisation of three housing corporations leading the regeneration of the Westelijke Tuinsteden districts. The urban planner of the urban district was also present. Following an explanation of the site and the assignment the jury travelled by coach to the site that is in fact located on the other side of the Westelijke Tuinsteden districts. The sun was already setting when the jury (fatigued by all the impressions and the exceptionally warm weather) boarded the coach to travel to the east of the country. Having dined in Twello near Deventer the members of the jury arrived around midnight at the hotel in Hengelo, where they were to spend a few nights.

Early the next morning they were received in the monumental town hall by representatives of the site in Hengelo, where they followed the same programme as for the other sites. The jury was positively impressed by Hengelo, "a city composed of incidents".

The first stage of the adjudication took place on school premises once owned by the Stork factory, currently being rebuilt to accommodate HEIM, the foundation that concerns itself with the cultural heritage of the region.

In the first round the members of the jury examined all the entries individually. They were able to indicate with stickers which plans they wished to discuss further. In the interval they had a buffet lunch. At the end of the afternoon the long-awaited adjudication started. All the plans were examined and discussed. The jury decided to

reject the 82 entries that had not been marked with stickers as exceptional. The discussions were adjourned for dinner in the picturesque garden village. Under the powerful halogen lamps that gave off a great deal of heat, work went on until late in the evening; it was once again midnight before the jury arrived back at the hotel on Friday evening.

The members of the jury decided to make an early start on Saturday the 20th, the Dutch members of the jury wanting to return home the same day. The Chairman of the jury now asked the members, bearing in mind the discussions of the previous day, to indicate with stickers which plans they considered so exceptional that they should be included in the selection for the international Towns and Juries Forum. The intention was to select a maximum of twenty per cent of the entries for the forum, to be held in Graz in November. All the plans were checked and discussed intensively, whereupon 55 plans were dropped. This finally left 34 entries, precisely twenty per cent, selected for the forum. At the end of the afternoon on this final day of adjudication in the Netherlands, some members set off straight away for home, tired, but satisfied, others stayed on for a meal.

The international Towns and Juries Forum took place on 14 and 15 November 2003 in the Grazer Stadthalle, a building designed by Austrian Europan Chairman Klaus Kada. Site representatives and jury members from all the Europan 7 countries gathered together to debate all the problems raised in the plans selected by the juries and the theme "sub-urban challenge". The Dutch sites were well represented and the entire jury was present.

The first day the discussions took place simultaneously in seventeen study groups in which representatives of cities with comparable sites from various countries were assembled. This meant that the sites in Amsterdam, Rotterdam and The Hague were placed in the same study group as Grigny in France, with the sub-theme "revitalising over-planned housing development". The subject "change versus heritage preservation" was discussed.

Hengelo was placed in the same group as Graz (A), Kristianstad (S) and Villeurbanne (F) with the sub-theme "considering residential fragments" and "opening the fragment to the city". In the study groups the representations of the entries selected for the sites in question formed the *leitmotif* of the discussion. A number of jury members were assigned a role in the study groups as experts.

On day two, the results of the study groups were reported in plenary sessions in six clusters. Each of the reports was preceded by an introduction by one of the members of the international research committee, and this was followed up by the chairmen of the study groups in question.

On the same day the jury for the Dutch sites once again set to work. They attended a "refresher session" lasting a number of hours, in which all the plans selected were reviewed.

An excursion was planned on the Sunday of the forum, but the jury for the Dutch sites worked on through the day on the second stage of the adjudication, the final selection. For each site the members of the jury had to indicate which plans according to them were eligible for a prize, a runner-up award or special mention. This, quite naturally, led to occasionally strong pronounce-ments in the discussions, but finally everyone reached agreement as to which entries should receive which awards. For the plans for Amsterdam, a winner and an special mention were selected. In The Hague three entries received an award: one winner, a runner-up and a special

mention. In the plans for Rotterdam the jury awarded a winner and a special mention. For the site in Hengelo the jury awarded a winner, two runners-up and a special mention. At the end of the afternoon the chairman of the jury could proceed with the opening of the envelopes, revealing the names of the designers of the winning plans.

There was great surprise when it was discovered that two of the four winners had also been awarded first prizes in Europan 6. It was observed that quality will always prevail.

Around eleven in the evening the aeroplane carrying the Dutch jury members landed at Schiphol Airport. Tired, but certainly content, the jury once again headed for home to return to their normal duties the next day.

Resultaat jurering inzendingen Europan 7 in Nederland

eerste prijs ★★★   tweede prijs ★★   bijzondere vermelding ★

code	titel / title	namen deelnemend team / names participating team	nationaliteit / nationality	geboortedatum / d.o.b.	na individuele ronde / after individual session	na 1e plenaire ronde / after 1st plenary session	naar forum jury's en steden / to towns and juries forum	na individuele ronde / after individual session	resultaat na plenaire ronde / after plenary session result
Amsterdam									
AA 000	re-animating Bakema	Martin Groenesteijn	NL	1968	●	●	●	●	
		Albert Luijk	NL	1965					
		Arjan Scheer	NL	1973					
AA 347	subtopia	Erik Schotte	NL	1965	●				
		Stefan Bendiks	D	1971					
AA 735	green unlimited	Geraldine Faureau	F	1975					
AE 270	gezubabu	Ronald Janssen	NL	1968					
AR 389	not too old	Ramon Knoester	NL	1975	●	●	●		
		Ana Maria Francisco	P	1978					
AR 503	post-optimism	Jeroen van Bekkum	NL	1971	●	●			
		Peter Knaven	NL	1969					
BG 442	lightness consistency complexity	Lorenzo Pesaresi	I	1970					
BH 500	bloomhouse	Michiel Hofman	NL	1971	●	●	●	●	★
		Barbara Dujardin	F	1970					
BV 111	stack of houses	Severine Larrat	F	1973	●				
		Claire Serin de Castro	F	1974					
BY 125	weaving	Yuri Werner	D	1971	●	●	●	●	
CC 001	a kind of... dreaming suburbia	Volker Ulrich	D	1967					
		Susanne Ebert	D	1974	●	●			
		Tobias Jortzick	D	1974					
CC 333	interzone	Illja Vukorep	D	1970					
		Jens Richter	D	1977	●	●	●	●	
		Bernd Jaeger	D	1973					
CE 003		Dante Specchia	I	1966					
		Gianfranco Racioppoli	I	1964					
		Massimiliano Specchia	I	1970					
		Vincenzo Tarallo	I	1963					
		Luigi Ambrosino	I	1976					
		Massimo Di Salvo	I	1968					
CE 358	molting geuzenveld	Joost Verbeek	NL	1973					
		Frans Benjamins	NL	1975	●	●			
		Rob Otten	NL	1964					
CU 503		Erwin Hilbrands	NL	1972					
		Kees Draisma	NL	1970					
DD 033	green	Remco Bruggink	NL	1970					
		Ludo Grooteman	NL	1968					
		Gianni Cito	I	1970					
		Miriam Seiler	CH	1970					
		Thomas Hildebrand	CH	1967					

Adjudication results Europan 7 entries in the Netherlands

prize ★★★   runner-up ★★   special mention ★

code	titel / title	namen deelnemend team / names participating team	nationaliteit / nationality	geboortedatum / d.o.b.	na individuele ronde / after individual session	na 1e plenaire ronde / after 1st plenary session	naar forum jury's en steden / to towns and juries forum	na individuele ronde / after individual session	resultaat na plenaire ronde / after plenary session result
DD 061	linear flexibility	Dominique Dériaz	CH	1963					
DD 313	insula	Michel van Gageldonk	NL	1973	●	●	●	●	
		Frank van Oort	NL	1969					
		Martijn Coppoolse	NL	1974					
DF 025	regarden island	Jaakko van 't Spijker	NL	1971	●	●			
		Tilmann Schmidt	D	1978					
		Daniela Zimmer	CH	1978					
		Frieder Lohmann	D	1978					
DU 024	collective perspective	Duco van der Hoeven	NL	1969					
EM 701	vloeistof	Peter Oudshoorn	NL	1966	●				
FC 303	convex and concave	Fedele Canosa	I	1974					
FH 503	transparent density	Nicole Fischer	D	1971					
GH 301	my home is my garden	Rob van Houten	NL	1971					
		Udo Garritzmann	D	1965					
GS 222	try my play	José Selgas	E	1965	●	●	●		
HT 214	transformation of a boat society	Marc Vogedes	D	1969	●	●			
		Ralph Müller	D	1966					
		Martin Sieber	D	1966					
		Katarzyna Gryniewicz	PL	1977					
IH 200	interior horizon	Vincent de Graaf	NL	1970	●	●	●	●	
		Florian Boer	NL	1969					
		Wendy Saunders	B	1972					
II 000	degrees of living	Gamaliel López Rodríguez	E	1975	●				
		Pablo Allen Vizán	E	1975					
IS 123	from interior well-being to urban vivification	Marco Ferrario	I	1975					
		Irene Sobrino	I	1976					
		Serena Giorgia Bottigliero	I	1976					
JD 884	urban village amsterdam	Marc Beus	D	1967					
JE 144	semi detached revisited	Tom Bergevoet	NL	1972	●				
KA 100	wild wild west	Bart Aptroot	NL	1972	●	●	●	●	
		Joachim Karelse	NL	1971					
KN 713	amsterdam plus 4	Kimio Fukami	CH	1971					
		Denis Nicolas	CH	1973					
MB 475	line inclination	Lucia Romanengo	I	1968					
MD 075		Maria Diadou	GR	1967					
MS 123	fractal metropolis	Daniela Antolinc	HR	1973	●				
MY 003	welcome to my garden	Anna Reitmanova	SK	1975					
		Rocio Ormeno Bruns	PE	1970					

code	titel / title	namen deelnemend team / names participating team	nationaliteit / nationality	geboortedatum / d.o.b.	na individuele ronde / after individual session	na 1e plenaire ronde / after 1st plenary session	naar forum jury's en steden / to towns and juries forum	na individuele ronde / after individual session	resultaat na plenaire ronde / after plenary session result
NB 103	why live in geuzenveld	Bouke Kapteijn	NL	1974					
		Naomi Felder	NL	1973	●				
NW 100	+ urbia	Tonko Leemhuis	NL	1971					
		Martijn de Potter	NL	1967	●				
		Klaas Smedema	NL	1967					
RR 005	add-city	John van Rooijen	NL	1967					
SD 363	hier woon ik	Heleen van Heel	NL	1965					
		Stefan de Bever	NL	1966					
SF 001		Maarten van Tuijl	NL	1972					
		Naoko Hikami	J	1967					
SF 003	activ model_diy	Sasa Tasic	MK	1972					
		Filip Cenovski	MK	1975					
TC 001	gardensity	Cassion Castle	GB	1972					
		Carl Turner	GB	1966					
TH 113	city of gardens	Dagobert Bergmans	NL	1969					
		Jonathan Dawes	GB	1974					
TR 802	cassius	Giacomo Summa	I	1976	●———	——●———	——●———	——●	★★★
VI 237	wsl	Vania Stönner	NL	1965					
VL 717	compound	Marten de Jong	NL	1973					
		Cécilia Gross	F	1979	●———	——●			
		René Kuiken	NL	1976					
		Steven Beunder	NL	1969					
VS 741	tool box: diy neighbourhood	Catja de Haas	NL	1965					
WE 003	hybrid spaces	Bart Goedbloed	NL	1967					
		Harmen van de Wal	NL	1966					
WW 063	mi-x	Eric Gendre	F	1968					
XI 903		Dan Newport	GB	1972	●				
XO 001	twister	Eddy Joaquim	P	1975	●———	——●———	——●———	——●	
XX 010	raising amsterdam	Claude de Passillé	F	1967					
ZZ 777	maaiveld op de helling	Irene Horvers	NL	1973	●				
		Jos-Willem van Oorschot	NL	1974					
		Fabienne Riolo	CH	1975					
55	totaal Amsterdam	Amsterdam in total			27	17	11	9	2
	percentage van totaal	percentage of total			49	31	20	16	4

Den Haag
The Hague

code	titel / title	namen deelnemend team / names participating team	nationaliteit / nationality	geboortedatum / d.o.b.	na individuele ronde	na 1e plenaire ronde	naar forum jury's en steden	na individuele ronde	resultaat na plenaire ronde
AJ 362	72.8% of the person you love is water	Annabel Brown	GB	1972					
		Josephine Pletts	GB	1970					
AL 003	woningbouw's pattern	José Manuel Pérez Muñóz	E	1964					
		Alicia Gómez del Castillo Reguera	E	1974					
		Emilio González Villegas	E	1976	●———	——●			
		Héctor Domínguez Quintana	E	1975					
BC 225		Michiel Clercx	NL	1968					
BS 118	superbia	Sandra Kötzle	D	1970					
CH 026	urban morphing	Jesús Hernández Mayor	E	1967	●———	——●———	——●———	——●	★★★
		Elena Casanova García	E	1967					
DD 444	samen alleen	Jasmijn Bleyerveld	NL	1975					
		Alexia Luising	NL	1974					
		Ada Beuling	NL	1972					
		Eline Fransen	NL	1975					

code	titel / title	namen deelnemend team / names participating team	nationaliteit / nationality	geboortedatum / d.o.b.	na individuele ronde / after individual session	na 1e plenaire ronde / after 1st plenary session	naar forum jury's en steden / to towns and juries forum	na individuele ronde / after individual session	resultaat na plenaire ronde / after plenary session result
DH 070	denhaag vandaag	Wim Smits	NL	1973					
		Martijn-Frank Dirks	NL	1975					
DK 103	suburb=superb	Jan van Erven Dorens	NL	1966					
		Martin Koster	NL	1974					
DM 704	garden chromosomes	Daniëlle Huls	NL	1969	•	•			
		Miguel Loos	D	1970					
DZ 003	inside out	Andrew Dawes	GB	1965	•	•	•	●	★★
		Doris Zoller	D	1969					
EJ 022	green quarters	Aldo Vos	NL	1971					
		Siebold Nijenhuis	NL	1971	•	•			
		Annemiek Braspenning	NL	1971					
GA 136	differentities	Svemir Arambasic	D	1972	•	•			
		Sonja Gallo	D	1975					
ID 749		Joost Ector	NL	1972	•	•			
ID 777	identitype	Aart van der Wilt	NL	1969					
		Joep Klabbers	NL	1969					
KG 061	groene stroming	Gitta Zäschke	D	1975					
		Karen Wieck	D	1970					
KV 005	eigen groen in zuidwest	Marco Broekman	NL	1973					
		Leon Emmon	NL	1969					
		Maarten Lankester	NL	1968	•	•	•	●	
		Sebastien Penfornis	F	1973					
		Dagmar Keim	D	1970					
KV 777	able cells	Joaquín López Vaamonde	E	1965	•	•	•	●	
MH 150	learning from morgenstond	Micha de Haas	NL	1964	•	•	•	●	★
MO 001	urban meadow	Annemariken Hilberink	NL	1965					
		Geert Bosch	NL	1965					
		Renato Kindt	NL	1965					
MS 070	xpand	Susan Jansen	NL	1975	•				
MY 877	my own private idealhouse	Federico Seco Rodriguez	E	1975	•	•			
		Max Federico Zolkwer	I	1972					
NA 862	more private	Manuel Lodi	I	1977					
		Danilo Cupioli	I	1976					
		Silvia Rizzo	I	1975					
OZ 738	beyond inside	Rajan V. Ritoe	NL	1964					
		Cathelijne Nuijsink	NL	1977	•				
		Nanko van den Brule	NL	1978					
RG 003	i never promised you a rose garden	Corine Erades	NL	1976					
		Jasper Westebring	NL	1976	•				
RR 100	royal residence	Paul Kroese	NL	1971					
		Matthijs Uyterlinde	NL	1975	•	•			
		Michael Jaggoe	NL	1970					
SC 154	space customizer	José Duarte	P	1964					
		José Beirão	P	1965					
		Ana Gonçalves	P	1979	•				
		Catarina Pimenta	P	1979					
		Lara Barreiros	P	1977					
		Rita Nunes	P	1979					
SC 777	sub-city	Govert Gerritsen	NL	1964					
		Neville Mars	NL	1975					
SG 123	urban taxonomy	anonymous							

Feiten
Facts

Resultaat jurering
Adjudication results

code	titel / title	namen deelnemend team / names participating team	nationaliteit / nationality	geboortedatum / d.o.b	na individuele ronde / after individual session	na 1e plenaire ronde / after 1st plenary session	naar forum jury's en steden / to towns and juries forum	na individuele ronde / after individual session	resultaat na plenaire ronde / after plenary session result
SM 001	the greenhouse effect	Marianne Miguel	F	1963					
		Sylke Gloystein	D	1973	•	•	•	•	
		Marc Joubert	D	1971					
SN 097	suburbannewdentity	J.A. van Waarden	NL	1972					
		Ephraïm Abebe	NL	1968	•				
		Stefan Dannel	D	1970					
SO 123	structured socialibility	Stijnie Lohof	NL	1969					
TB 089		Peter van Assche	NL	1966					
		Thomas Dill	CH	1970					
TF 001	compacturbangardenspace	Lars Bendrup	DK	1969					
		Peter Hemmersam	DK	1969					
		Thomas Larsen	DK	1972	•	•			
		René Marey-Brokerhof	NL	1969					
		Tom Nielsen	DK	1970					
TT 374	canto ostinato	Teake Bouma	NL	1974	•				
		Tjerk van de Lune	NL	1973					
VN 424	this used to be my playground	Peter Hersbach	NL	1964					
		Marcel Seelen	NL	1965					
WZ 093	unblocked	Marijn Schenk	NL	1973					
		John van de Water	NL	1974	•	•	•	•	
		Bart Reuser	NL	1972					
		Michel Schreinemachers	NL	1973					
XL 108	housing-lising	Mara Bravo	E	1969					
		Santiago Romero	E	1975					
		José Enrique Lopez-Canti	E	1963	•	•			
		Sonia Ramajo	E	1975					
37	totaal Den Haag	The Hague in total			22	16	7	7	3
	percentage van totaal	percentage of total			59	43	19	19	8

Hengelo

code	titel / title	namen deelnemend team / names participating team	nationaliteit / nationality	geboortedatum / d.o.b	na individuele ronde / after individual session	na 1e plenaire ronde / after 1st plenary session	naar forum jury's en steden / to towns and juries forum	na individuele ronde / after individual session	resultaat na plenaire ronde / after plenary session result
AN 485	suburban mesh	Alexander Koblitz	D	1968					
		Nadine Stecklina	D	1975					
		Anja Nelle	D	1967					
BB 203	buitenstad	Oskar Janssen	NL	1963					
		Martijn Schildkamp	NL	1973					
BM 001	suburban metamorphosis	Kurt van Belle	B	1975	•	•	•	•	★★★
		Patricia Medina	E	1975					
BO 010	mapping hengelo	Sechmet Bötger	NL	1971	•	•	•	•	★★
BS 180	couleur locale	Esther Stevelink	NL	1974					
		Arie Bergsma	NL	1971					
BY 369	gobetweens / meet ur network neibourgh	Gordana Gocieva	MK	1976					
CX 227	metropo2l" hengelo	Beate Lendt	D	1971					
		Gerald Lindner	NL	1966					
		Jeroen Tacx	NL	1966					
DA 138	de gefragmenteerde stad	Erwin Lindhout	NL	1974					
		Leonie Slinger	NL	1980					
		Anne Duizer	NL	1970					
FN 283	brook+park+home	Leon Brokers	NL	1973					
FO 747	levitation villas	Fjodor Richter	NL	1964					
		Hjalmar Fredriksson	NL	1968	•				
		Frank Pier Servaas	NL	1966					

code	titel / title	namen deelnemend team / names participating team	nationaliteit / nationality	geboortedatum / d.o.b.	na individuele ronde / after individual session	na 1e plenaire ronde / after 1st plenary session	naar forum jury's en steden / to towns and juries forum	na individuele ronde / after individual session	resultaat na plenaire ronde / after plenary session result
HE 040	urban chess	Björn van Rheenen	NL	1975					
		Roland Pouw	NL	1969					
		David Lesterhuis	NL	1975					
		Bela Mora	D	1970					
HE 074	transit	Werner Kamp	NL	1973					
		Rick Thani	NL	1974	●———	●			
		Arjen Honig	NL	1975					
HH 074	hengelo hills	Wilbert de Haan	NL	1968					
		Ruben van den Boogaard	NL	1968					
		Mark Hekkert	NL	1967	●				
		Addy de Boer	NL	1970					
		Maurits Berndsen	NL	1968					
HL 225	hengelofts	Claudia Schmidt	D	1969	●———	●	●	●	
		Annett Arndt	D	1977					
HS 007	zipscape	Andreas Bogenschütz	D	1969					
		Thomas Durner	D	1966					
HT 002	scaled to fit	Martin-Paul Neys	NL	1969					
		Erwin Schot	NL	1976					
JM 034	ushering urban lightness	Menno van der Woude	NL	1970	●				
		Jeroen Wouters	NL	1971					
KB 301	par3	Roel ten Bras	NL	1964	●———	●	●		
		Patrick Koschuch	NL	1970					
LK 003	eigen-teit	Ed Bergers	NL	1967	●				
		Peer Hermens	NL	1964					
LL 777	books	Marc Eijkelkamp	NL	1969	●				
LY 020	space in between space	Lisa Hassanzadeh	D	1976	●				
		Moritz Bernoully	D	1970					
LZ 004		Urs Primas	CH	1965					
MR 101	urban bite	Michael Durgaram	NL	1965	●				
		Roosmarie Carree	NL	1974					
MR 313	crescendo	participants not qualified							
MW 001	hengelo revisited	Margreet van der Woude	NL	1972					
		Agnes van der Meij	NL	1972					
NL 074	celestial green	Marcel Lok	NL	1970	●———	●	●	●	★★
OO 222	max flex	Jan-Willem Visscher	NL	1968					
		Jeroen Koomen	NL	1975					
QG 333	micro-contextual housings	Jerome Petre	F	1972					
		Gerald Godde	F	1974	●				
		Christophe Billard	F	1972					
QQ 196	iki	Marco Lub	NL	1970					
		Katharina Hagg	D	1973					
		Johanna Kamunen	FIN	1969					
		Martijn Huting	NL	1972					
RA 007	suburban platform	Remko Remijnse	NL	1974	●———	●			
		Joost Woertman	NL	1974					
RL 603	brookrocktown	Annet Ritsema	NL	1968	●				
		Paulien van der Lely	NL	1970					
RM 555	room made in hengelo	Menno Willem Slijboom	NL	1971					
		Tessa Barendrecht	NL	1972	●				
		Nico Baardman	NL	1971					
RP 074	ruimte	Ronald Olthof	NL	1974					
		Peter van der Heijden	NL	1969					

code	titel / title	namen deelnemend team / names participating team	nationaliteit / nationality	geboortedatum / d.o.b.	na individuele ronde / after individual session	na 1e plenaire ronde / after 1st plenary session	naar forum jury's en steden / to towns and juries forum	na individuele ronde / after individual session	resultaat na plenaire ronde / after plenary session result
SH 993	sharing individuals	Maarten Janssen	NL	1969					
		Margje Teeuwen	NL	1974					
TH 246	suburban carpet	Heiner Probst	D	1971	●	●	●	●	
TT 192	typical twente	Emile van Vugt	NL	1974					
UV 263	O2 hengelo: urban villa's	Alexander Goedemans	NL	1969					
VX 304	deels geheel	Geert Vennix	NL	1971					
		Frederik Vermeesch	B	1976	●	●	●	●	
		Thomas Bedaux	NL	1973					
WA 628	ribbon<>connecting people	Anne Riedel	D	1976					
		Marc Kirschbaum	D	1973					
XX 015	re x view	Pepijn Nolet	NL	1972					
		Rob Meurders	NL	1972	●	●	●	●	★
		Karel van Eijken	NL	1967					
40	totaal Hengelo / Hengelo in total				20	10	8	7	4
	percentage van totaal / percentage of total				50	25	20	18	10

Rotterdam

code	titel / title	namen deelnemend team / names participating team	nationaliteit / nationality	geboortedatum / d.o.b.	na individuele ronde / after individual session	na 1e plenaire ronde / after 1st plenary session	naar forum jury's en steden / to towns and juries forum	na individuele ronde / after individual session	resultaat na plenaire ronde / after plenary session result
AN 007	crossing border	Jannie Vinke	NL	1967	●	●			
		Marcel van der Lubbe	NL	1969					
AT 296	wellfare farewell	Pier Vittorio Aureli	I	1973					
		Sabina Tattara	I	1972					
		Martino Tattara	I	1976					
		Sebastiano Roveroni	I	1976					
BJ 111	the garden chamber	Badia Nasif	NL	1968	●				
		John Mol	NL	1977					
BL 111	urban landscape	Mariana Kolova	BG	1966					
		Sander Visscher	NL	1970					
CS 250	tuning and interactions	Cristian George Simionescu	F	1967					
DS 072	a terrace to the park-zuidwijk	Daniele Sini	I	1972					
EB 100	add	Thomas Mahlknecht	I	1972	●	●	●		
EP 992		Erik Lampalzer	A	1968					
		Petra Frimmel	A	1973					
FI 206	towers	Marc DiDomenico	I	1974					
GK 421	connecting - collecting	Michiel Dehandschutter	B	1979					
		Hans Janssen	B	1979	●	●	●		
		Yuri Gerrits	B	1979					
		Roeland Joosten	B	1979					
GR 065		Frank Knoester	NL	1972	●	●			
		Nadine Roos	NL	1975					
HM 001	zuidwijk open	Hilde Therese Remoy	N	1972					
		Marjolein Kreuk	NL	1974					
HM 124	urban landscape	Henk Korteweg	NL	1969	●	●	●	●	★
		Marielle Berentsen	NL	1972					
ID 015	zuidwijk the garden city	Alexandre Moreno	P	1975					
		Ana Jacinto	P	1975					
		Hugo Moreira	P	1975					
II 111	the future is ours	Jessica Hammarlund Bergmann	S	1974					
		Victor Leurs	NL	1972	●	●	●	●	
		Michl Sommer	D	1971					
		Gilles Trevetin	F	1975					
JK 821		Jeroen Tolboom	NL	1972					
		Kurt Gouwy	B	1970					

code	titel / title	namen deelnemend team / names participating team	nationaliteit / nationality	geboortedatum / d.o.b.	na individuele ronde / after individual session	na 1e plenaire ronde / after 1st plenary session	naar forum jury's en steden / to towns and juries forum	na individuele ronde / after individual session	resultaat na plenaire ronde / after plenary session result
KH 026		Netten Ostberg	N	1965	●				
		Dag Meyer	N	1964					
KM 666	+ metamorphosis + multifunctionality	Marco Antonio Pulido Santiago	MEX	1971					
LE 311	vertical gardens in zuidwijk	Erik Giudice	I	1971					
LL 101	interacting ecologies	Marco le Donne	I	1968					
		Stefaan Lambreghts	B	1970					
LL 777	greenflash	Judith Delgado	E	1974					
		Ruben Gonzalez	E	1971					
		Angel Monje	E	1974					
		Cristina Fernández	E	1977					
MM 001	conglutinate	Lidy Meijers	NL	1967					
		Ralf Sträter	D	1966					
OF 002	believe	Jorge Mingorance Alonso	E	1976	●	●			
		Carmen Navas-Parejo Galera	E	1977					
OO 000	framing peripheral realities	Eva Franch i Gilabert	E	1978	●	●	●	●	
OO 110	individuals together	Marc Benerink	NL	1968					
		Christian Grennan	AUS	1972					
OU 812	reconnecting Zuidwijk	Corine Keus	NL	1970					
PQ 985	green, water and stone	Bartolomeo Quintiliani	I	1965					
		Davide Rustelli	I	1965					
		Valentina Pandolfi	I	1965					
		Antonio Pizzola	I	1965					
		Cristina Paris	I	1965					
		Leonardo Baglioni	I	1973					
PT 239	stitch	Machiel Hopman	NL	1964	●				
RZ 003	nieuw peil	Ilse Castermans	NL	1972	●	●	●	●	★★★
		Patrick Meijers	NI	1971					
SB 101	southbound	Arjen Schmohl	NL	1971					
		Aimée de Back	NL	1973					
		Marit Boersma	NL	1971	●				
		Gunnar Gullit	NL	1972					
		René Rijkers	NL	1970					
ST 420		Aerlant Cloïn	NL	1967					
		Arjan Welschot	NL	1978					
TK 177	the third kind	Maïa Rabinowitz	F	1971	●				
		Numa Granda-Bonilla	F	1971					
TR 818		Pietro Caviglia	CH	1970					
		Reto Karrer	CH	1970	●	●	●	●	
		Raffaela D'Acunto	CH	1965					
TT 346	hide and seek	Mark Groen	NL	1973					
		Estelle Batist	NL	1974	●	●			
		Wilco van Oosten	NL	1976					
VG 007		Paulus de Jager	NL	1973					
ZW 003	gardening the garden city	Paul van der Voort	NL	1967					
		Jacqueline Lehmann	D	1973					
		Catherine Visser	NL	1966	●	●	●	●	
		Daan Bakker	NL	1968					
		Andreas Müller	D	1970					
36	totaal Rotterdam	Rotterdam in total			17	12	8	6	2
	percentage van totaal	percentage of total			47	33	22	17	6
168	totaal generaal	in total			86	55	34	29	11
	percentage van totaal	percentage of total			51	33	20	17	7

Inschrijvingen en inzendingen Europan 7

Registrations and entries Europan 7

		registrations	entries	%	number of sites	entries/site
B	België/Belgique/Belgien	136	66	49	2	33
CZ	Ceska Republika	45	21	47	1	21
D	Deutschland	292	170	58	6	28
EST	Esti	101	59	58	2	30
GR	Ellás	71	29	41	4	7
E	España	585	286	49	9	32
F	France	559	288	52	7	41
HR	Hrvatska	82	38	46	3	13
I	Italia	352	204	58	5	41
LV	Latvia	77	43	56	3	14
H	Magyarorzag	31	14	45	1	14
NL	Nederland	287	168	59	4	42
N	Norge	179	107	60	3	36
A	Österreich	203	126	62	5	25
P	Portugal	307	146	48	4	37
CH	Schweiz/Suisse/Svizzera/Svizra	132	72	55	2	36
SLO	Slovenija	91	65	71	2	33
FIN	Suomi/Finland	98	63	64	3	21
S	Sverige	111	68	61	3	23
IN TOTAL		**3,739**	**2,033**	**54**	**69**	**29**

Feiten
Facts

Nationaliteiten van de Europan 7- deelnemers voor NL locaties   117
Nationalities of participants in Europan 7 for the Dutch sites

Nationaliteiten van de Europan 7-deelnemers voor Nederlandse locaties

Nationalities of participants in Europan 7 for the Dutch sites

	number	%
Dutch	187	51.2
German	45	12.3
Italian	32	8.8
Spanish	23	6.3
French	16	4.4
Swiss	12	3.3
Portuguese	11	3.0
Belgian	9	2.5
British	7	1.9
Danish	4	1.1
Norwegian	3	0.8
Austrian	2	0.5
Swedish	1	0.3
Polish	1	0.3
Greek	1	0.3
Croatian	1	0.3
Czechian	1	0.3
Peruvian	1	0.3
Japanese	1	0.3
Macedonian	1	0.3
Finnish	1	0.3
Bulgarian	1	0.3
Mexican	1	0.3
Australian	1	0.3
unknown	2	0.5
in total	365	100

average number of participants in a team[1] 2,198795181

[1]
in 166 teams: 1 anonymous, 1 not qualified

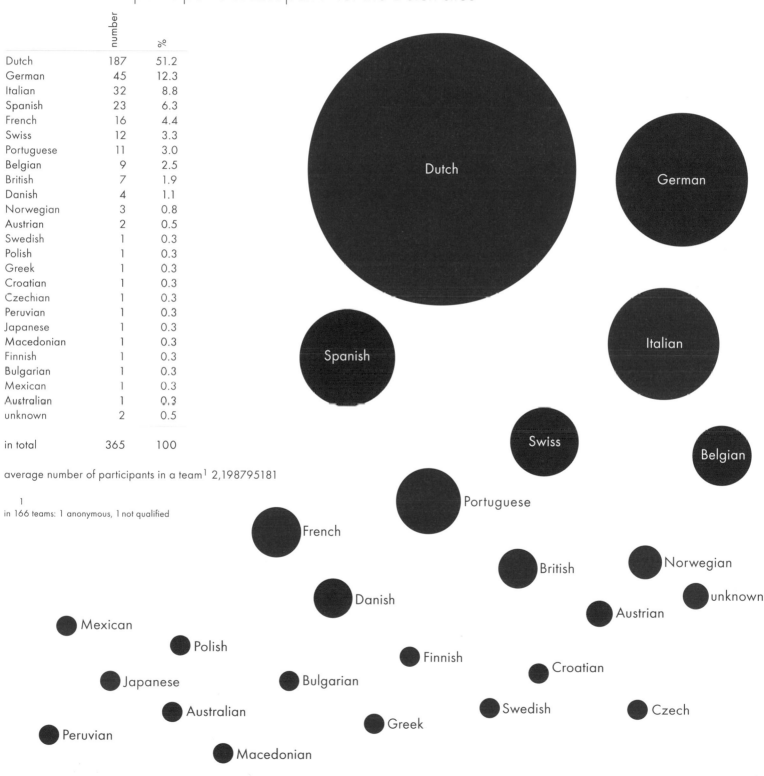

Realisaties

Realisations

Europan 1

Amsterdam-Noord

Dietmar Prietl, Gerhard Sacher
Het plan van de tweedeprijswinnaars voor de locatie omvat 85 appartementen in vijf woonblokken aan de Buiksloterweg en werd opgeleverd in 1994. Opdrachtgever voor het project was de Protestantse Woningbouwvereniging.
Europan Implementations, series # 9 (ISBN 960-7424-11-5) is aan dit project gewijd.

Arnhem

Pim Köther, Ton Salman
In mei 1994 werd het woongebouw opgeleverd. Het gebouw bestaat uit vier lagen, waarin 35 driekamerwoningen in de sociale huursector van diverse typen zijn opgenomen. Het project is gebouwd in opdracht van de Stichting Volkshuisvesting Arnhem.
Europan Implementations, series # 4 (ISBN 960-7424-06-9 is aan dit project gewijd.

Europan 2

Nijmegen

Dick van Gameren, Bjarne Mastenbroek
Op een alternatieve locatie aan de Gerard Noodtstraat is door de architecten een woongebouw met 57 woningen ontworpen, met bedrijfsruimte op de begane grond. Bijzonder is de parkeerruimte op het dak, ontsloten door een autolift. Opdrachtgever voor het plan was Woningvereniging Kolping (thans Talis Woondiensten).
Het project is bewoond sinds 1997.
Europan Implementations, series # 14 (ISBN 960-7424-22-0) is aan dit project gewijd.

Europan 1

Amsterdam-Noord

Dietmar Prietl, Gerhard Sacher
The plan by the runners-up for the site comprises 85 apartments in five residential blocks on Buiksloterweg and was completed in 1994. The project client was the Protestantse Woningbouwvereniging.
Europan Implementations, series # 9 (ISBN 960-7424-11-5) is devoted to this project.

Arnhem

Pim Köther, Ton Salman
The residential block was completed in May 1994. The building comprises four floors, in which 35 three-room units of various types in the subsidised rented housing sector are incorporated. The project was commissioned by Stichting Volkshuisvesting Arnhem.
Europan Implementations, series # 4 (ISBN 960-7424-06-9) is devoted to this project.

Europan 2

Nijmegen

Dick van Gameren, Bjarne Mastenbroek
The architects designed a residential building on an alternative site on the Gerard Noodtstraat with 57 housing units, and business space on the ground floor. Of particular interest is the parking space on the roof, accessed by a car lift. The plan was commissioned by Woningvereniging Kolping (now Talis Woondiensten). The project has been occupied since 1997.
Europan Implementations, series # 14 (ISBN 960-7424-22-0) is devoted to this project.

Zaanstad

Gerard Maccreanor, Richard Lavington
Na betrokken te zijn geweest bij de ontwikkeling van het stedenbouwkundige plan voor het Zaaneiland, de alternatieve locatie in Zaanstad, werd door de Europan-architecten een deelplan ontworpen waarin 123 eengezinswoningen en 33 appartementen zijn opgenomen. Opdrachtgever was VOF Peterswerf (Bouwfonds Woningbouw en Volker Stevin Ontwikkelingsmaatschappij). Het plan werd opgeleverd in 1997.
Europan Implementations, series # 13 (ISBN 960-7424-21-2) is aan dit project gewijd.

Zaanstad

Gerard Maccreanor, Richard Lavington
Having been involved in the development of the urban plan for Zaaneiland, the alternative site in Zaanstad, the Europan architects designed a partial plan comprising 123 single-family dwellings and 33 apartments. VOF Peterswerf (Bouwfonds Woningbouw and Volker Stevin Ontwikkelingsmaatschappij) commissioned the project. The plan was realised in 1997.
Europan Implementations, series # 13 (ISBN 960-7424-21-2) is devoted to this project.

Zaanstad

Tania Concko, Pierre Gautier
Voor de originele Europan-locatie aan de Zaanoevers werd door de winnaars het masterplan ontwikkeld, waarna 102 woningen in vier gebouwen met diverse typen woningen zijn ontworpen. Het plan, dat onder opdrachtgeverschap van Delta roA is gerealiseerd, werd opgeleverd in 1999. Ook de openbare ruimte werd door Concko en Gautier ontworpen.
Europan Implementations, series # 15 (ISBN 960-7424-26-3) is aan dit project gewijd.

Zaanstad

Tania Concko, Pierre Gautier
The winners developed the master plan for the original Europan site on Zaanoevers, where they designed 102 housing units in four buildings with various types of housing. The plan, commissioned by Delta roA, was completed in 1999. The public space was also designed by Concko and Gautier.
Europan Implementations, series # 15 (ISBN 960-7424-26-3) is devoted to this project.

Europan 3

Den Bosch

Don Murphy

Het plan voor de alternatieve locatie aan de Gassedonklaan, werd in 2000 opgeleverd. In twee blokken zijn 59 huurwoningen gerealiseerd, waarvan 14 geschikt zijn voor lichamelijk gehandicapten. De titel van het project 3UP2DOWN verwijst naar het ontsluitingsprincipe van de woningen, een combinatie van portieken en galerijen, en de manier waarop de woningen, met platte-gronden afwisselend van een en anderhalve travee, zijn gestapeld.
Europan Implementations, series # 16 (ISBN 960-7424-28-X) is aan dit project gewijd.

Dordrecht

Tom Jefferies, Adrian Evans, Dominic Wilkinson

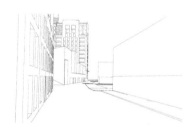

Eind 1999 verstrekte corporatie Progrez opdracht voor een alternatieve locatie, net buiten het prijsvraaggebied gelegen aan de Riedijkshaven. De opdracht betreft een kinderdagverblijf boven een parkeergarage. In overleg met de Europan-architecten is het plan door een Nederlands bureau aangepast aan de Nederlandse regelgeving. Het originele ontwerp moest hiervoor op de schop en is onherkenbaar geworden.

Europan 3

Den Bosch

Don Murphy

The plan for the alternative site on Gassedonk-laan was completed in 2000. The 59 rented homes, 14 of which are suitable for the physically handicapped, are in two blocks. The title of the project 3UP2DOWN refers to the access principle of the dwellings, a combination of porches and galleries, and the way in which the housing is stacked, with varied ground floors of one and one-and-a-half bays.
Europan Implementations, series # 16 (ISBN 960-7424-28-X) is devoted to this project.

Dordrecht

Tom Jefferies, Adrian Evans, Dominic Wilkinson

At the end of 1999 Progrez housing corporation issued a commission for an alternative location, just outside the competition area on the Riedijkshaven. The commission concerned a day nursery above a car park. In consultation with the Europan architects, the plan has been adapted to Dutch legislation by a Dutch firm. The original design had to be altered completely and has become unrecognisable.

Groningen

Christopher Moller, Burton Hamfelt,
Dominic Papa, Jonathan Woodroffe
Nadat in workshopverband met de gemeente
en andere architecten een stedenbouwkundig plan voor het Cibogaterrein – waarvan
de prijsvraaglocatie deel uitmaakte – was
uitgewerkt, ontwierpen de architecten een
deelplan met 149 woningen (sociale huur en
vrije sector) en 300 parkeerplaatsen. Ook
zijn 1500 m² bedrijfsruimte en 3000 m²
winkelruimte in het plan opgenomen. Het
project is opgeleverd in 2002. Begin 2004
zal in de reeks 'Europan Implementations'
een boekje over het project worden
uitgegeven.

Groningen

Christopher Moller, Burton Hamfelt,
Dominic Papa, Jonathan Woodroffe
Following workshops with the municipality
and other architects, an urban plan was
elaborated for the Ciboga terrain – of which
the competition site was a part, the architects
designed a partial plan with 149 housing units
(social housing and non-subsidised) and 300
parking spaces. Also, 1,500 m² of business
accommodation and 3,000 m² of retail space
were included in the plan. The project was
completed in 2002. Early in 2004 in the
series "Europan Implementations" a project
booklet will be published.

Haarlem

Gary Young, Gabrielle Higgs
In samenwerking met het Nederlandse
bureau van Thijs Asselbergs werd het
prijsvraagontwerp in opdracht van de
Woonmaatschappij verder ontwikkeld tot
een realiseerbaar plan. Nadat de vervuilde
grond geschoond was, startte in februari
2003 de bouw van 42 eengezinswoningen,
43 gestapelde seniorenwoningen, 250 m²
bedrijfsruimte en 133 parkeerplaatsen.
Oplevering staat gepland voor 2004.

Haarlem

Gary Young, Gabrielle Higgs
In collaboration with the Dutch firm of Thijs
Asselbergs, on the instructions of the Woonmaatschappij the competition design was
further developed into a realisable plan.
Having cleared up the polluted soil, in
February 2003 a start was made on the
building of 42 single family homes, 43
stacked housing units for the elderly, 250 m²
of business space and 133 parking spaces.
Completion is planned in 2004.

Europan 4

Europan 4

Amsterdam – Osdorp

Floor Arons, Arnoud Gelauff
Voor de oorspronkelijke locatie werd in
opdracht van woningbouwvereniging Het
Oosten op basis van het prijsvraagontwerp
een plan ontwikkeld dat 112 woningen,
1200 m² bedrijfsruimte, 111 parkeerplaatsen
en 2000 m² openbare ruimte omvat. De
eerste paal werd geslagen in december
2000 en de oplevering vond plaats in
2002. Bijzonder is dat het gerealiseerde
plan heel dicht bij het prijsvraagontwerp ligt.
*Europan Implementations, series # 18
(ISBN 960-7424-37-9) is aan dit project
gewijd.*

Amsterdam – Osdorp

Floor Arons, Arnoud Gelauff
Commissioned by Het Oosten housing
association, a plan was developed on the
basis of the competition design for the original
site comprising 112 housing units, 1,200 m²
of business space, 111 parking spaces and
2,000 m² of public space. The foundation
ceremony was held in December 2000 and
the project was competed in 2002. The
project is remarkable in that the realised plan
is very similar to the competition design.
*Europan Implementations, series # 18
(ISBN 960-7424-37-9) is devoted to this
project.*

Emmen

Ira Koers, Jurjen Zeinstra,
Mikel van Gelderen

De oorspronkelijke opzet was zeer herken-baar in het aangepaste prijsvraagontwerp, dat werd ontwikkeld in opdracht van Bouwfonds Woningbouw in samenspraak met de gemeente. Het traject van prijsvraag-ontwerp naar bouwproject verliep echter moeizaam en werd een aantal keer stil-gelegd. De procedure voor de wijziging van het bestemmingsplan was ingezet en het definitief ontwerp voor een groot deel van het project was gereed, toen de realisatie-procedure alsnog vastliep. De toezegging van de gemeente te onderzoeken of een alternatieve opdracht op een andere locatie mogelijk is, leidde tot op heden nergens toe.

Emmen

Ira Koers, Jurjen Zeinstra,
Mikel van Gelderen

The original plan was extremely recognisable in the adapted competition design, which was developed on the instructions of Bouwfonds Woningbouw in dialogue with the municipality. The path from competition design to building project, however, was an arduous one and came to a halt a number of times. The procedures for altering the zoning plan had been put into action and the definitive design had been completed for a large part of the project when the realisation procedure came to a standstill. The promise by the municipality to look for an alternative assignment on a different site has, to date, not been fulfilled.

Den Haag

Pierre Boudry, Marjolijn Boudry

Nadat in opdracht van Ontwikkelings-combinatie Wateringse Veld een voorlopig ontwerp werd ontwikkeld voor een kleinere locatie ten oosten van de Europan-locatie, werd Bouwfonds Woningbouw opdracht-gever voor de verdere ontwikkeling. Het plan bestaat uit 35 eengezinswoningen, 52 parkeerplaatsen en 5300 m^2 openbare ruimte.

The Hague

Pierre Boudry, Marjolijn Boudry

Having been commissioned by Ontwikkelings-combinatie Wateringse Veld to develop a design for a smaller site east of the Europan site, Bouwfonds Woningbouw became the commissioning party for the further develop-ment. The plan comprises 35 single-family homes, 52 parking spaces and 5,300 m^2 of public space.

Europan 5

Europan 5

Almere

Siebold Nijenhuis, Aldo Vos

Eind 2002 kregen de architecten, die het bureau SAAS oprichtten, opdracht voor het maken van een voorlopig ontwerp voor een gebouw op basis van het prijsvraagproject voor een locatie iets ten zuiden van de prijsvraaglocatie. Het plan wordt ontwikkeld door het Woningbedrijf Amsterdam in combinatie met WP Bouwadviseurs. De start van de bouw staat gepland voor begin 2005 en oplevering in 2006.

Almere

Siebold Nijenhuis, Aldo Vos

At the end of 2002 the architects, who had established the SAAS firm of architects, received instructions to draw up a provisional design for a building on the basis of the competition project for a site a little to the south of the competition site. The plan is being developed by Woningbedrijf Amsterdam in combination with WP Bouwadviseurs. Building is planned to start at the beginning of 2005 and to be completed in 2006.

Almere

Alberto Nicolau

Voor het Spaanse winnende plan Suburban Loop is een locatie beschikbaar gesteld in 'Groenendaal', in het nieuw te bouwen stadsdeel Almere Poort. De architect kreeg opdracht voor aanpassing van het plan voor de nieuwe locatie, hetgeen leidde tot een verkleining van de bouwmassa. Naast woningen moet er ook een school in het volume worden ondergebracht. Interessant is dat op initiatief van DHV geprobeerd wordt 'Europees' geld te vinden voor de realisatie van het project.

Almere

Alberto Nicolau

A site has been made available for the Spanish winning plan Suburban Loop in "Groenendaal", in Almere Poort, a new urban district as yet to be developed. The architect was commissioned to adapt the plan for the new site and this led to a reduction in the building mass. In addition to housing, a school is to be accommodated in the volume. One interesting point is that, on the initiative of DHV, an attempt is being made to find "European" funding for the realisation of the project.

Amsterdam-Oost

Joost Glissenaar, Klaas van der Molen

Voor een alternatieve locatie in de buurt Jeruzalem in Watergraafsmeer maakten de architecten een masterplan voor 30 seniorenwoningen, een kleine bibliotheek en een dienstencentrum. In het voorjaar van 2003 was het definitieve ontwerp gereed en het is inmiddels goedgekeurd. De verdere uitwerking van het plan is stilgelegd tot april 2004, als moet blijken of financiering van het project rondkomt. De bouw zal dan eind 2005 starten en de oplevering zal in de tweede helft van 2006 plaatsvinden.

Amsterdam-Oost

Joost Glissenaar, Klaas van der Molen

The architects drew up a master plan for an alternative location in the Jeruzalem neighbourhood in Watergraafsmeer for 30 housing units for the elderly, a small library and a service centre. The definitive design was completed in the spring of 2003 and it has in the meantime been approved. The further elaboration of the plan has been stopped until April 2004, when it should become clear whether financing of the project can be arranged. Building will then start in 2005 and the project will reach completion in the second half of 2006.

Haarlemmermeer

Gijs Raggers

In opdracht van ontwikkelaar Timpaan is voor een alternatieve locatie een voorlopig ontwerp gemaakt voor 24 eengezins-woningen in vier blokken binnen de Vinex-locatie Floriande, waarvan ook de prijs-vraaglocatie deel uitmaakte. Helaas is het plan nooit verder gekomen omdat de gemeente het roer omgooide. Gijs Raggers werkt inmiddels bij EGM architecten en heeft daar interessante opdrachten.

Haarlemmermeer

Gijs Ragger

On the instructions of developer Timpaan, a provisional design has been made for an alternative site with 24 single-family homes in four blocks within the Floriande Vinex location, of which the competition site forms a part. Unfortunately, the plan has never advanced further because the municipality reversed its policy. Gijs Raggers, in the meantime, works at EGM architecten and has interesting assignments there.

Rotterdam
André Kempe, Oliver Thill

Begin 2003 deelde de gemeente de architecten mede dat ontwikkeling van de Europan-locatie is uitgesteld. De start van de bouw aldaar staat nu gepland voor 2008. De architecten hebben om een alternatieve opdracht gevraagd, voor een vergelijkbare locatie met vergelijkbare randvoorwaarden. De gemeente staat daar welwillend tegenover en zal met een voorstel komen.

Rotterdam
André Kempe, Oliver Thill

At the beginning of 2003 the municipality informed the architects that the development of the Europan site had been postponed. The start of the building is now planned for 2008. The architects have asked for an alternative assignment, for a comparable site with comparable boundary conditions. The municipality is sympathetic to this and will come up with a proposal.

Europan 6

Europan 6

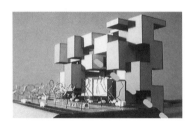

Amsterdam-Noord
Judith Korpershoek, Jan-Richard Kikkert

Het stadsdeel is bezig met de procedures rond de vaststelling van het stedenbouwkundig programma van eisen, waarin een andere verkaveling – meer evenwijdig aan de Nieuwe Leeuwarderweg – wordt voorgesteld dan die van het prijswinnende plan voor de locatie. Voor het stadsdeel is de naam van de architecten nog wel altijd aan de locatie verbonden. Het is vooralsnog niet duidelijk hoe de ontwikkeling van het gebied zich in de tijd afspeelt.

Amsterdam-Noord
Judith Korpershoek, Jan-Richard Kikkert

The urban district is busy with the procedures to determine the urban programme, in which an alternative parcelisation – more parallel to Nieuwe Leeuwarderweg – is proposed than that of the prize-winning plan for the site. The name of the architect is still linked with the site. It is not yet clear how the development of the area will take place over time.

Apeldoorn
Lars Courage, Jan-Willem Visscher

Eind januari 2003 hebben de architecten, die een samenwerkingsverband aangingen voor het project in Apeldoorn, via supervisor Rein Geurtsen opdracht gekregen voor het verder ontwikkelen van de stedenbouwkundige structuur voor dat deel van de locatie dat aan het station grenst. Verdere uitwerking van de studie is uitgesteld tot de resultaten van een woonwensenonderzoek bekend zijn.

Apeldoorn
Lars Courage, Jan-Willem Visscher

At the end of January 2003 the architects who entered into a collaboration for the project in Apeldoorn, received a commission via supervisor Rein Geurtsen for the further development of the urban structure for that part of the site that borders on the station. Further elaboration of the study has been postponed until the results of a housing requirements study are made known.

Groningen

Elena Casanova, Jesús Hernández

Nadat de gemeente en corporatie Nijestee overeenstemming bereikten over de grond-exploitatie van de prijsvraaglocatie, is opdracht verstrekt voor nadere studie naar aanleiding van het prijsvraagontwerp. In afwachting van deze opdracht kregen de architecten kort na de prijsuitreiking opdracht voor patiovilla's elders in de stad. Deze zijn inmiddels uitgewerkt en aanbesteed.

Groningen

Elena Casanova, Jesús Hernández

After the municipality and Nijestee corporation reached agreement about the land development of the competition site, further study was commissioned in response to the competition design. In anticipation of this assignment, shortly after the award ceremony, the architects received an assignment for patio villas elsewhere in the city. In the meantime these have been elaborated and put out to contract.

Hoogvliet

Patrick Meyers, Ilse Castermans, Peter Knaven

Na grote vertraging vanwege nieuwe Europese regelgeving voor woningbouw in relatie tot verkeersinfrastructuur, is in het voorjaar van 2003 het stedenbouwkundig programma van eisen voor Hoogvliet Noordwest gereedgekomen. Opdracht voor de Europan-locatie kan nog enige tijd duren, omdat de prioriteiten van de corporatie bij de ontwikkeling van huurwoningen ligt en niet bij woon-werkeenheden die op de locatie zijn geprogrammeerd. Inmiddels wordt gezocht naar een project dat de wachttijd voor de architecten kan bekorten.

Hoogvliet

Patrick Meyers, Ilse Castermans, Peter Knaven

After a long delay due to new European legislation governing housing in relation to traffic infrastructure, in the spring of 2003 the urban programme of requirements for Hoogvliet Noordwest was completed. A commission for the Europan site can still take some time, because the corporation's priorities are for rented housing development and not for living-working units that are programmed on the site. In the meantime, a project is being sought that can shorten the waiting time for the architects.

Lelystad

Regis Verplaetse, Christopher Burton, Eddy Joaquim

Na vele presentaties en onderzoeken (prijsvraagontwerp op originele locatie; prijsvraagontwerp op alternatieve locatie; alternatief ontwerp voor originele locatie; financiële haalbaarheid van diverse plannen, etc.) meldde de gemeente dat het inmiddels aangepaste ontwerp te duur is en dat daarom wordt afgezien van realisatie ervan. De gemeente zegde toe te zullen zoeken naar een alternatieve locatie.

Lelystad

Regis Verplaetse, Christopher Burton, Eddy Joaquim

After many presentations and studies (competition design on original site; competition design on alternative site; alternative design for original site; financial feasibility of various plans, etc.) the municipality has in the meantime announced that the adapted design is too expensive, and that this is why its realisation is being abandoned. The municipality has agreed to look for an alternative location.

Colofon

Europan 7 wordt mede mogelijk gemaakt
door financiële ondersteuning van: het
Ministerie van Onderwijs, Cultuur en
Wetenschappen, het Ministerie van
Volkshuisvesting, Ruimtelijke Ordening
en Milieu, de gemeenten Den Haag
en Hengelo, Deelgemeente Charlois
(Rotterdam), Far West (Amsterdam),
Staedion (Den Haag), Woningbeheer Sint
Joseph (Hengelo) en Vestia Rotterdam Zuid
The financial support of the following
organisations have helped to make Europan 7
possible: the Ministry of Education, Culture
and Science, the Ministry of Housing, Spatial
Planning and the Environment, the municipalities
of The Hague and Hengelo, sub-municipality
Charlois (Rotterdam), the housing corporations
Far West (Amsterdam), Staedion (The Hague),
Sint Joseph (Hengelo) and Vestia Rotterdam
Zuid

Samenstelling en redactie
Compiled and Edited by
Emmie Vos

Tekstredactie
Copy editing
Els Brinkman

Vertalingen
Translations
Sarah-Jane Jaeggi-Woodhouse
Susan van Elmpt
Nicolet Breukelaar

Ontwerp
Design
Bureau Mijksenaar (Fred Inklaar)

Druk
Printing
Die Keure, Brugge Bruges

Teksten cd-rom
Texts CD-ROM
Europan Nederland

Reproducties inzendingen cd-rom
Reproduction of entries CD-ROM
Theo Bos

Ontwerp cd-rom
Design CD-ROM
Gabriëlle Marks (Airplant)
Fred Inklaar

Productie
Production
Anneloes van der Leun

Uitgever
Publisher
Simon Franke

Minimale systeemeisen cd-rom
Minimal System Requirements CD-ROM
800x600 display, 8-speed CD-ROM drive
Macintosh: G3 or higher processor
Windows: Pentium II or higher processor
QuickTime installed

Acknowledgements

Tekstbijdragen van
Text contributions by
Bert van Meggelen, voorzitter Chairman
    Europan Nederland
Han Meyer, hoogleraar faculteit Bouwkunde
    TU Delft Professor faculty of Architecture,
    Delft University of Technology
Mathias Lehner, architect en directeur Podium
    voor Architectuur Haarlemmermeer
    Architect and Director of Podium
    Architecture Centre in Haarlemmermeer
Didier Rebois, architect en secretaris-generaal
    Architect and Secretary-General Europan
    Europe
Emmie Vos, directeur Director Europan
    Nederland
Olof Koekebakker, juryrapport
    Adjudication Report
Marieke van Rooij, architectuurhistoricus
    Architecture Historian
Catja Edens, architectuurcriticus
    Architecture Critic
Ben Maandag, redacteur Editor de Architect
Ton Verstegen, architectuurpublicist en
    medewerker Publicist on Architecture and
    Coordinator Academie van Bouwkunst,
    Arnhem
Maarten Kloos, voorzitter jury en directeur
    Chairman of the Europan 7 Jury
    Nederland and Director of ARCAM
Harm Tilman, hoofdredacteur
    Chief Editor de Architect
Sandra Mellaart, bureaumedewerker
    Office Manager Europan Nederland

Illustratieverantwoording
Illustration Credits
BAR (p.125 midden center)
Theo Bos (omslag cover, p.6, 7, 22, 23, 31,
    32, 33, 42, 43, 45, 59, 60, 61, 78, 81,
    84, 85, 105, 118, 119, en reproductie
    inzendingen and reproduction of the
    entries p.26, 27, 28, 34, 38, 39, 40, 46,
    47, 48, 50, 54, 55, 56, 62, 63, 64, 66,
    67, 68, 70, 74, 75, 76, 82, 94, 95, 96,
    97, 98, 99, 100, 101, 102, 103)
Boudry's (p.124 midden centre)
Casanova Hernández (p.127 boven top)
Cimka (p.127 midden centre)
Courage & Visscher (p.126 onder bottom)
Illustratie uit illustration from: Bruno
    DeMeulder, Michael Dehaene, Atlas
    Zuidelijk West-Vlaanderen, Kortrijk 2002
    (p.11)
Omslagen Covers Europan Implementations,
    series (p.120, 121, 122 boven top)
Illustratie uit illustration from: Marc
    Glaudemans, Amsterdams Arcadia. De
    ontwikkeling van het achterland,
    Nijmegen 2000 (p.9)
Higgs & Young (p.123 midden centre)
K2 (p.126 midden centre)
Kempe Thill (p.126 boven top)
KZG Architecten (p.124 boven top)
Han Meyer (p.10)
Nicolau (p.125 boven top)
Pandion (p.13)
Raggers (p.125 onder bottom)
S333 (p.123 boven top)
SAAS (p.124 onder bottom)
UR Architects (p.127 onder bottom)
Vercruysse & Dujardin (p.123 onder bottom)
Emmie Vos (p.16, 17, 24, 25 rechts right, 37,
    52, 106, 107)
www.europan-europe.com (p.25 links left,
    36, 53, 72, 73, 92, 93)

Bestuur Stichting Europan Nederland
National Committee Europan Nederland
Bert van Meggelen, voorzitter Chairman
Maurits Klaren, vice-voorzitter Vice-Chairman
Annemiek Rijckenberg, secretaris Secretary
Nely Krijt, penningmeester Treasurer
Pierre Gautier, architect Architect
Peter van der Gugten, directeur Director of
    Proper Stok Rotterdam
Marcel Musch, stedenbouwkundig ontwerper
    urban planner Dienst Stedenbouw en
    Volkshuisvesting Gemeente Rotterdam
    Urban Planning and Public Housing
    Department, Rotterdam

Projectbureau
National Secretariat Europan Nederland
Emmie Vos, directeur Director
Sandra Mellaart, bureaumedewerker
    Office Manager

Stichting Europan Nederland
Postbus 2182
3000 CD Rotterdam
The Netherlands
t +31 (0)10 440 12 38
f +31 (0)10 436 00 90
e-mail office@europan.nl
www.europan.nl